A HISTÓRIA DA INTERNET
PARA QUEM TEM PRESSA

🔍 CHRIS STOKEL-WALKER

A HISTÓRIA DA
INTERNET
PARA QUEM TEM PRESSA

Tradução
ANDRÉ GORDIRRO

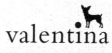

Rio de Janeiro, 2024
1ª edição

Copyright © 2024 by Michael O'Mara Books Ltd

título original
The History of the Internet in Byte-Sized Chunks

capa
Sérgio Campante

diagramação
Fátima Affonso / FQuatro Diagramação

Impresso no Brasil
Printed in Brazil
2024

CIP-BRASIL. CATALOGAÇÃO NA PUBLICAÇÃO
SINDICATO NACIONAL DOS EDITORES DE LIVROS, RJ
Meri Gleice Rodrigues de Souza - Bibliotecária - CRB-7/6439

S883h

Stokel-Walker, Chris, 1989-
    A história da internet para quem tem pressa / Chris Stokel-Walker; tradução André Gordirro. – 1. ed. – Rio de Janeiro: Valentina, 2024.
    200p. il.; 21 cm.

    Tradução de: : The history of the internet in byte-sized chunks
    ISBN 978-65-88490-85-3

    1. Informática - História. 2. Internet - História. I. Gordirro, André. II. Título.

CDD: 004.09
CDU: 004.738.5(09)

24-93570

Todos os livros da Editora Valentina estão em conformidade com o novo Acordo Ortográfico da Língua Portuguesa.

Todos os direitos desta edição reservados à

Editora Valentina
Rua Santa Clara 50/1107 – Copacabana
Rio de Janeiro – 22041-012
Tel/Fax: (21) 3208-8777
www.editoravalentina.com.br

COLEÇÃO
HISTÓRIA
PARA QUEM TEM PRESSA

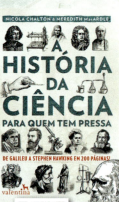

SUMÁRIO

INTRODUÇÃO   9

CAPÍTULO UM ● A Criação da Internet   13
O Sonho de J. C. R. Licklider   13   ARPANET: A História Militar da
Internet   14   Computadores de Campus Universitário   16   A Primeira
Mensagem na Internet   17   A Internet se Espalha   19   A CSNET Passa
o Bastão para a NSFNET   21   Adeus, ARPANET   23   Como Funciona
a Internet?   24   IPv6   26   Cabos Submarinos   27   Como Você se
Conecta?   30   Nasce a CompuServe   32   O Que Acontece na World Wide
Web?   33   Como a Web É Protegida: Heartbleed   35   Como Surgiu
a Web   37   Mosaic: O Primeiro Navegador Popular   39   1994: O Ano
da Web   41

CAPÍTULO DOIS ● Web 1.0   43
Bem-Vindo à AOL   43   Minha Página Pessoal   46   A Ascensão dos
Blogs   47   Netscape Navigator   48   Internet Explorer   50   Começa a
Guerra dos Navegadores   51   Cromado   53   Explorando os Limites da
Web   53   Só no Bate-Papo   54   O Primeiro E-Mail de Spam   56
O Primeiro Ataque de Negação de Serviço   57   O Primeiro Grande Ataque de
Negação de Serviço Distribuído — E a Confiabilidade da Internet   59
O Primeiro Grande Vírus da Internet   60   O Primeiro Banner Online   62
Sexo Vende   63   Sex.com   66   Os Primeiros OnlyFans Antes do
OnlyFans   67   Pirataria Online   68   Nasce o Napster   70
O Entretenimento Contra-Ataca   73   O *Boom and Bust* das Pontocom   75
Como o Oeste Selvagem Foi Conquistado   77

CAPÍTULO TRÊS ● Web 2.0   78
Bem-Vinda, Web 2.0   78   Estoura a Bolha das Pontocom   79   O Mundo
da Pesquisa   80   Nasce o JumpStation   82   O Google Entra em Cena   83
Pesquisa de Imagens do Google   85   A Melhor Piada de Primeiro de
Abril   87   A Primeira Grande Plataforma Social   89   A Ascensão do
Facebook   92   O Feed de Notícias   94   A API do Facebook e
do Farmville   96   Cambridge Analytica   97   Virando a Meta   100

6 · A HISTÓRIA DA INTERNET PARA QUEM TEM PRESSA

Instagram 101 WhatsApp 103 Twitter 104
Últimas Notícias 106 Deixe a Ficha Cair: Elon Musk Compra o
Twitter 108 O Reddit É Lançado 110 O Skype É
Lançado 111 Discord 112 Vídeo Online 114 Eu no Zoológico:
A História do Youtube 115 Como o Vídeo Online Mudou 117 Transmita
a Si Mesmo 119 TikTok 120 A Ascensão do Criador 123 Instagram
Reels e YouTube Shorts 125 Moderação de Conteúdo 126 A Evolução da
Moderação 127 O Olho do Computador Vigia de Cima 129 A Seção 230:
Quando uma Plataforma Não É um Veículo? 130 Big Techs: Grandes
Demais para Falir? 131

CAPÍTULO QUATRO • Quem Controla a Internet Global? 133
De Quantas Internets Você Precisa? 133 *Splinternets*: Rússia 134
A Revolução Soviética 136 SORM: Vigilância Russa na Internet 137
A Internet na Rússia Hoje 138 Os Grandes Firewalls do
Mundo 140 *Splinternets*: China 142 Censura na China 144 Censura
Estilo Gato e Rato 145 Acessando a Internet Ilicitamente 147 A Internet
Chinesa Hoje 148 A Luta Pelo Futuro 149

**CAPÍTULO CINCO • Como a Web 2.0 e a Internet Fizeram de Nós o que
Somos 152**
Compras Online 152 Fazendo Pagamentos 155 A Morte do Comércio de
Rua e da Economia Informal 157 A Exclusão Digital 158 Vida e Amor na
Internet 159 *Fandom* e Ataques Concentrados 161 O Conhecimento do
Mundo ao Alcance das Mãos 164 Voltando no Tempo 165 Como a
Internet Molda Nossa Linguagem 167 Emoji e Emoticons 168 Caos e
Confusão 170 GIFs 172 A Concepção Imaculada do GIF 174
Em Construção 175 Vida Longa ao GIF 176 A Ascensão da
Netflix 178 New York Yankees x Seattle Mariners 178 Never Gonna
Give You Up 180

CAPÍTULO SEIS • A Web 3.0 e o Futuro da Internet 181
Uma Nova Era 181 A Web Descentralizada 183 O Mundo dos
NFTs 185 Misturando o Digital e o Físico 188 IA Generativa 190
Imagens *Deepfake* 194 Como a IA Altera a Busca 195 O Futuro? 198

AGRADECIMENTOS 200

Para meus pais, avô e Angelika.
E em memória de Yvonne Laws.

INTRODUÇÃO

Um Dia na Vida da Internet

Quando é a primeira vez no dia que você interage com a internet? Para muitas pessoas, a primeira vez ocorre quando elas pegam o celular na mesinha de cabeceira e navegam pelos e-mails, verificam os grupos de WhatsApp ou procuram as últimas atualizações nas redes sociais. Pode ser quando a pessoa abre um aplicativo de notícias e se atualiza a respeito dos eventos que aconteceram na virada da noite para o dia. Ou talvez seja a incursão matinal no Duolingo — o chamativo e *gameficado* aplicativo de aprendizado de idiomas que afirma ser capaz de tornar a pessoa fluente se estiver razoavelmente comprometida. Pode ser uma checada no clima, cujas atualizações são transmitidas sob demanda por vários provedores para o telefone. Talvez seja uma rápida olhada num vídeo do YouTube enquanto a pessoa tenta ficar um pouco mais na cama.

Para um número cada vez maior de pessoas, a primeira interação online vem antes de tudo isso: a crescente indústria da Internet das Coisas (IoT em inglês) — dispositivos que estão conectados à internet. Isso significa que o despertador que acorda a pessoa ou as lâmpadas que lentamente vão aumentando a iluminação — para tentar facilitar seu começo do dia, numa simulação moderna do nascer do Sol –, poderiam muito bem estar conectados à internet.

Seja qual for a primeira vez, uma coisa é certa: a maioria esmagadora de vocês que estão lendo este livro — e quase todo mundo, exceto meus obstinadamente analógicos pais, que estão felizes com celulares tijolões e desconectados — terá uma interação matinal com a internet.

É uma história que se repete à medida que o Sol se move para oeste pelo planeta, despertando um país após o outro na sua rotina regular.

A internet nunca dorme, mesmo que a pessoa esteja dormindo. É um colosso em constante atualização e crescimento, pois sempre há alguma coisa acontecendo online. Isso é natural quando se considera que a internet é uma comunidade de 5 bilhões de pessoas em rápida expansão — e mais milhões de *bots* e fac-símiles da humanidade alimentados por inteligência artificial — com novos usuários acessando todo santo dia.

É isso que torna a internet tão viciante. Existem quase de 2 bilhões de sites para explorar, novas praias no mapa em constante expansão do território cartografado que o usuário médio da internet pode visitar livremente. E nesses sites há sempre novos conteúdos: são milhões de novos vídeos no TikTok diariamente e centenas de horas de material filmado no YouTube a cada minuto. Existem novos tweets, novas postagens no Facebook, novos Stories no Instagram. Há novos comentários em fóruns, nos subreddits, nas seções de comentários. Existem novas pesquisas no Google a serem feitas e novas páginas da Wikipédia a serem exploradas; novos caminhos de informação a percorrer.

Há novos e-mails a serem lidos — 330 bilhões enviados diariamente, segundo uma estimativa — e novas mensagens em chats de bate-papo a serem consumidas. Existem novas fotos de bebês e memes para serem vistos; novas felicitações e condolências a serem enviadas e recebidas.

Não é de admirar, portanto, que estejamos viciados. Nossos receptores de dopamina estão recebendo spam freneticamente. Sempre há coisas novas para aprender, novas aventuras para viver, novas pessoas para conhecer por trás de cada foto de perfil, cada postagem e cada arrastar para a direita. Há sempre mais.

Seis em cada dez britânicos não conseguem mais imaginar a vida quotidiana sem a internet — mais ou menos a mesma proporção que nigerianos, suecos e brasileiros. (Os americanos são bem mais indiferentes: apenas 45% dizem que é inimaginável estar offline.)

Esta é a história de como chegamos a esse ponto. É a história da tecnologia irreal que transmite cada blip, vibração e ícone vermelho de notificação gritante aos nossos ouvidos e olhos. É a história da internet e de tudo que consumimos por meio dela.

Algumas dessas histórias vocês já conhecem. Outras, não. Ao lidar com algo tão grande e em constante crescimento como a internet, você certamente aprenderá algumas informações novas ao longo do caminho — assim como provavelmente encontrará o mesmo meme velho e cansativo que tem visto circulando no Facebook há anos.

INTRODUÇÃO 11

Também faltarão pedaços. Não é possível resumir a história da internet em um livro de 200 páginas sem pular algumas partes, mesmo que se mantenha cada registro tão conciso quanto abrangente.

O tamanho da Wikipédia no início de 2023 era de 4.349.234.241 (quatro bilhões, trezentos e quarenta e nove milhões, duzentos e trinta e quatro mil, duzentas e quarenta e uma) palavras. *A história da internet para quem tem pressa* tem aproximadamente 60 mil, ou seja, uma ínfima fração desse número. Mesmo em 2002, com pouco menos de um ano de existência da Wikipédia (sobre a qual falaremos mais tarde), a soma total da contagem de palavras era cerca de 100 vezes maior que a deste livro.

No entanto, este livro tenta dar forma a uma bolha de bits e bytes em constante expansão e difusão. Pode ser um pouco semelhante a arrebanhar gatos (que a internet também adora), mas é uma tentativa de dar forma e trazer informações factuais concretas ao mundo online.

A história da internet para quem tem pressa tenta resumir o que é a internet, de onde veio, para onde vai — e o que está fazendo conosco — com o máximo de detalhes possível. A esperança é fornecer a história da internet com cuidado e consideração, em pedacinhos tão pequenos quanto um byte.

CAPÍTULO UM

A Criação da Internet

O Sonho de J. C. R. Licklider

Se hoje a pessoa precisa de um GPS ou de navegação por satélite para percorrer os quase 2 bilhões de sites online e as montanhas de conteúdo sendo postado a cada segundo no que conhecemos como a World Wide Web, em sua gênese as coisas eram bem mais simples.

No nascimento da internet, em 1969, eram necessários apenas os quatro pontos cardeais para navegar por esse admirável mundo novo. É isso mesmo: a enorme internet que usamos hoje começou com apenas quatro destinos possíveis.

Como não poderia deixar de ser, dado o modo como os gigantes da tecnologia localizados no sul da Califórnia e arredores passaram a dominar a maneira como vivemos a nossa vida online no século 21, todos os quatro pontos cardeais da internet em 1969 também estavam enraizados na Costa Oeste dos Estados Unidos ou perto dela.

Ao norte ficava o Instituto de Pesquisa Stanford, localizado em Menlo Park, na Califórnia. A cerca de 1.200 km a leste encontra-se a Universidade de Utah. No ponto sul da bússola ficava a Universidade da Califórnia, Los Angeles (UCLA), enquanto a área mais a oeste terminava na Universidade da Califórnia-Santa Bárbara, a menos de 150 km a oeste da UCLA.

14 A HISTÓRIA DA INTERNET PARA QUEM TEM PRESSA

Cada um desses destinos abrigava um computador. Afinal, antes da internet que conhecemos hoje, onde os usuários visitam sites, a situação era totalmente diferente (a World Wide Web nem existia até 1989). Em seu lugar, existiam os chamados "nós da rede" — computadores para a maioria das pessoas — que os acadêmicos loucos por computadores em cada universidade queriam interligar.

Os computadores como os conhecemos hoje já existiam havia algumas décadas antes do nascimento da internet no final dos anos 1960, e o desenvolvimento foi acelerado pelas exigências da Segunda Guerra Mundial e pelo desejo de descriptografar mensagens inimigas e calcular equações complicadas com o intuito de decidir onde, quando e como explodir a nova gama de bombas que estavam sendo usadas contra os oponentes. Mas os computadores foram mantidos em isolamento, no interior de departamentos de computação ou de engenharia dentro das universidades, onde o acesso a eles era rigorosamente monitorado.

Ainda assim, foi o idealismo do pós-guerra que ajudou a criar a internet. J. C. R. Licklider, um pesquisador do MIT, inicialmente concebeu a ideia do que chamou de "Rede Galática" em agosto de 1962, onde usuários de computadores do mundo todo poderiam acessar informações mantidas numa máquina completamente diferente numa parte diferente do planeta. O sonho de Licklider, que ele descreveu em uma série de memorandos, se tornaria o ímpeto para a internet que conhecemos e amamos (ou odiamos) hoje.

ARPANET: A História Militar da Internet

Dois meses depois, em outubro de 1962, Licklider se tornaria o primeiro chefe do programa de pesquisa em informática da Agência de Projetos de Pesquisa Avançada de Defesa, ou DARPA em inglês, a agência de pesquisa e desenvolvimento do Departamento de Defesa dos EUA.

A história da internet está completamente envolvida pela época e pelas conexões militares da DARPA: testes realizados dentro do governo e do aparato militar dos Estados Unidos para saber como o país responderia a um consequente ataque nuclear da União Soviética descobriram que a forma como a rede de comando e controle do país foi estabelecida era extremamente deficiente. Uma bomba nuclear soviética sendo detonada nos céus dos Estados Unidos tiraria do ar as redes de rádio FM durante horas; alguns ataques

CAPÍTULO UM: A CRIAÇÃO DA INTERNET 15

no solo poderiam destruir a rede telefônica nacional da AT&T. Era necessária uma alternativa para a segurança do país. Dinheiro seria investido para resolver o problema, com o objetivo de criar uma rede de comunicação menos centralizada que não fosse susceptível a ser desligada por um único ataque cirúrgico — ou pela força bruta de uma bomba de hidrogênio.

"Ele tinha uma filosofia que nem sempre é reconhecida", contou-me Leonard Kleinrock, um dos cientistas da computação contratados para trabalhar no projeto ARPANET, que deu origem à internet na década de 1960. Kleinrock é integrante do Hall da Fama da Internet e continua, aos quase 90 anos, um contador de histórias empolgado a respeito dos primeiros dias da internet. Os próprios capítulos de Kleinrock na história da internet incluem uma contribuição fundamental para a ideia da teoria de filas, que ainda hoje ajuda a transferir dados de um computador para outro.

A abordagem de Licklider em relação ao financiamento era simples, explicou Kleinrock: "Ele fornecia financiamento de uma forma que incutia e inspirava inovação e criatividade." Licklider entregava pilhas de dinheiro aos pesquisadores sem fazer perguntas, para irem atrás de seus objetivos. "Mirem no impossível", Kleinrock se lembra de Licklider dizendo a ele e a outros. "Faça algo enorme e significativo que você não poderia ter feito sem esse belo financiamento." O dinheiro vinha sem compromisso. O financiamento para o plano de desenvolver o que foi chamado de "Rede Intergalática de Computadores" foi tão significativo quanto a visão que Licklider teve: "Vejo como interessante e importante (...) desenvolver uma capacidade de operação de rede integrada", escreveu ele à equipe que montou.

Kleinrock diz que o financiamento sem ressalvas permitiu que a internet florescesse nos primeiros dias de concepção. Licklider criou e deu apoio a centros de excelência no país inteiro, cada um especializado em áreas da ciência que o Departamento de Defesa dos Estados Unidos queria combinar para reunir conhecimentos.

Mas era mais fácil falar do que fazer. A ideia de compartilhar conhecimento e poder computacional em departamentos de informática universitários era inédita. Cada universidade era extremamente territorial, e elas tinham receio de compartilhar recursos entre si. Em parte, isso ocorreu porque a ideia de conectar computadores em rede para compartilhar recursos nunca havia sido realizada. Mas Licklider conseguiu convencer — alguns diriam intimidar — pesquisadores de universidades do país inteiro a participar.

COMPUTADORES DE CAMPUS UNIVERSITÁRIO

Esses primeiros computadores, que muitas vezes ocupavam salas inteiras de prédios universitários, foram vistos como um grande benefício para os estudantes que tentavam resolver problemas importantes em áreas baseadas na matemática, como a física. A capacidade dos computadores de calcular equações difíceis de forma processual significava que podiam ultrapassar os humanos — muitas vezes mulheres "computadoras" (que computavam coisas) altamente qualificadas porém mal pagas — de quem os dispositivos pegaram o nome.

Mas havia apenas um problema: os computadores eram temperamentais para trabalhar e propensos a cometer erros. Também eram peças de engenharia caras e complicadas; as faculdades nem sempre queriam que os alunos tivessem acesso irrestrito e brincassem com os mecanismos internos. A procura também era elevada, o que fez com que os departamentos de informática das universidades começassem a tentar separar os usuários dos próprios computadores para limitar as discussões.

Os computadores que ocupavam salas inteiras tinham uma pequena fração da potência dos dispositivos atuais e só conseguiam operar um único programa por vez, sem agir de forma interativa. Os sumos sacerdotes da computação — chamados operadores — alimentavam as máquinas com cartões perfurados pré-preparados. Os furos em cada cartão perfurado davam instruções ao computador. Se a pessoa furasse no lugar errado, o programa poderia falhar, não fornecendo nada — e ela só saberia muito mais tarde, depois que o cartão perfurado tivesse sido processado.

Não era uma solução viável a longo prazo; portanto, com o tempo, foram desenvolvidas técnicas que permitiam aos usuários se conectarem diretamente aos computadores e compartilharem o tempo no computador usando uma abordagem de escalonamento circular. Deu a impressão de acesso em tempo real. E eliminou os sumos sacerdotes que atuavam como canais entre os usuários e o computador.

Isso foi feito por intermédio da instalação de terminais nos campi. Esses monitores e teclados ficavam distantes dos grandes computadores centrais, mas permitiam que os usuários digitassem um comando no terminal, que seria então transmitido e calculado pelo computador quando ele pudesse.

É claro que havia uma maneira diferente: uma proposta por Licklider que ele pôs em prática por meio da ARPANET.

A Primeira Mensagem na Internet

As paredes em tom enjoativo de verde da sala 3420 em Boelter Hall, sede do departamento de engenharia da UCLA, podem não parecer o local de um momento de mudança mundial — mas foram, em 29 de outubro de 1969. Foi o momento em que um projeto aprovado pela ARPA (antiga DARPA), para desenvolver uma rede de quatro nós que pudesse conectar os computadores de cada local entre si, se tornaria uma realidade. Dado que o projeto tinha recebido um orçamento inicial de 563 mil dólares em 1968, o equivalente a 4,6 milhões de dólares hoje, era importante garantir que tudo corresse bem.

Charlie Kline, um aluno de Kleinrock na UCLA, estava sentado diante de um terminal de computador na sala 3420, conectado à ARPANET. Isso parece grandioso, mas a realidade é mais prosaica: era uma conexão entre o computador da UCLA e outro operado por Bill Duvall, também engenheiro júnior do Instituto de Pesquisa Stanford.

Nem os engenheiros da UCLA nem os de Stanford tinham certeza de que o plano de enviar uma mensagem de um computador de um local para outro, a 550 km a noroeste, funcionaria. Assim sendo, eles criaram uma conexão telefônica entre Kline e Duvall para garantir que, se algo desse errado com os computadores, haveria uma maneira de salvar o experimento.

Com certeza, foi uma medida necessária. Kline, baseado na UCLA, digitou as letras L e O no computador — o início do comando "login", que lhe permitiria acessar o computador baseado em Stanford. Mas o G não chegou. O computador da UCLA travou.

A primeira mensagem enviada pela internet, às 22h30 no dia 29 de outubro de 1969, conforme registrado em um caderno pautado mantido ao lado da máquina da UCLA para servir de registro de tudo o que acontecia no dispositivo foi, portanto, "Lo".

"Como em *lo and behold*",* disse Kleinrock. A mensagem veio do fracasso, mas foi uma bênção. "Não poderíamos ter pedido uma mensagem mais poderosa, mais sucinta e mais profética do que *lo.*"

O caderno no qual foi documentada a notícia do envio da primeira mensagem — registrada como "conversou com o Instituto de Pesquisa Stanford em conexão direta" — foi roubado da Scientific Data Systems, de acordo com

---

* Expressão em inglês usada para anteceder uma afirmação surpreendente, como "vejam só" (também tem significado de "eis que", se usado entre sentenças). (N. T.)

Kleinrock. Aquela mensagem simples, enviada de um local para outro, foi uma prova de conceito que estabeleceria uma nova norma de comunicação. Mesmo que tenha travado no meio do caminho. E aconteceu apenas quinze semanas depois de os humanos terem pousado na Lua pela primeira vez — uma indicação de como aquele período foi revolucionário.

Na época, Kleinrock e os colegas não tinham ideia de como aquilo que haviam feito se tornaria importante. Mas eles tinham alguma noção do que a demonstração técnica havia revelado. Para registrar a ocasião, a UCLA publicou uma nota à imprensa anunciando o que aconteceu naquela noite de outubro. No comunicado, Kleinrock disse o seguinte:

> No momento, as redes de computadores ainda estão na infância. Mas à medida que crescerem e se tornarem mais sofisticadas, provavelmente veremos a disseminação de "empresas de computação" que, tal como as atuais empresas de energia e telefônicas, servirão residências e firmas em todo o país.

A internet nasceu. E como qualquer recém-nascido, cresceria rapidamente. Essa primeira conexão ocorreu entre a UCLA e Stanford no final de outubro de 1969. Em dezembro, todos os quatro nós do projeto inicial haviam sido conectados. Em abril de 1971, eles se tornaram 15 nós — embora fosse necessário uma boa dose de sorte se a pessoa quisesse acessar a

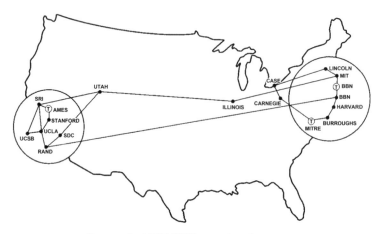

O mapa da ARPANET, setembro de 1971.

nascente internet no interior dos Estados Unidos: os nós estavam concentrados em ambas as costas, com poucos intermediários. Ainda assim, as coisas estavam andando — e rápido. Em junho de 1973, uma instalação norueguesa de coleta de dados sísmicos perto de Oslo, chamada NORSAR, foi ligada à ARPANET. No mês seguinte, um computador da University College London foi ligado à ARPANET, também utilizando a NORSAR — e em breve seria ultrapassado por uma ligação via satélite através do Atlântico.

A Internet se Espalha

A partir daí, a internet começou a se expandir, com redes distintas e separadas se conectando umas às outras, pouco a pouco. Encare como uma aranha tecendo uma teia: primeiro se vê um fio se conectando de ponto a ponto, depois outro fio cruza aquele anterior. A NORSAR (na Noruega) foi a porta de entrada para a Europa, onde várias redes começaram a surgir.

A comunicação por meio dessa nova tecnologia foi um problema inicial resolvido por Ray Tomlinson, o inventor do e-mail. Antes da genial ideia de Tomlinson em 1971, que acabaria se tornando o correio eletrônico, os usuários da ARPANET só conseguiam deixar mensagens uns para os outros nos mesmos computadores — descritos como Processadores de Interfaces de Mensagens (ou IMPs em inglês), mais precisamente —, nos quais estivessem trabalhando. (Uma nota de rodapé histórica e divertida dizia que o primeiro IMP, usado para enviar a mensagem *lo*, funcionou por 7.792 horas antes de ser substituído.) Se alguém usasse um IMP diferente, não seria possível necessariamente se comunicar com essa pessoa. Isso era um problema, dada a escala crescente da ARPANET: na época havia cerca de 20 máquinas conectadas nos Estados Unidos, e cada uma tinha até 50 usuários. Portanto, se alguém quisesse se comunicar com um indivíduo entre mil ou mais pessoas, não conseguiria facilmente.

Tomlinson, formado pelo MIT, viu isso como um problema, como muitos outros. Mas, ao contrário desses muitos outros, ele decidiu encontrar uma solução. Era possível direcionar o IMP para enviar uma mensagem para outro IMP digitando no destino: o nome de usuário para quem a pessoa desejava enviá-la e o nome do computador usado, separados pelo símbolo @ (arroba). (O @ foi escolhido porque consideraram improvável que ele estivesse

A HISTÓRIA DA INTERNET PARA QUEM TEM PRESSA

presente no nome de alguém.) Foi uma decisão que teria enormes ramificações, contudo, os e-mails poderiam não ter sido tão amplamente utilizados se não fosse pela defesa de Stephen Lukasik, um diretor da ARPA na época, que informou à equipe que a maneira mais eficaz de contatá-lo era usar a ferramenta nascente. As pessoas a usaram: Lukasik foi inundado por um dilúvio de e-mails; em 1976, um estudo conduzido pela ARPA descobriu que 75% de todo o tráfego na ARPANET era devido a e-mail.

Em parte, isso se deveu a outra inovação que pegou carona na nova tecnologia: os grupos de discussão. Em 1975, Steve Walker, um gerente da ARPA, sugeriu a ideia, que foi adotada por alguns usuários.

Em 1974, a palavra "internet" foi usada pela primeira vez para descrever essa rede de redes, cunhada por Vint Cerf, um cientista da computação que trabalhava na Universidade de Stanford na época (embora no artigo "A Protocol for Packet Network Intercommunication",* ele use a expressão mais longa "internetwork"). A década de 1970 viu mais universidades voltadas para a pesquisa se inscreverem na internet, e a Rainha Elizabeth II enviou seu primeiro e-mail em 26 de março de 1976, do Royal Signals and Radar Establishment** em Malvern, Inglaterra. Ela usou o nome de usuário HME2 — Sua Majestade Elizabeth II — sob a supervisão de Peter Kirstein, a força motriz que ajudou a estabelecer o primeiro nó da ARPANET no Reino Unido, em 1973.

Mesmo com o apoio da rainha, porém, a internet ainda não estava pronta para se tornar estratosférica. A verdadeira explosão ocorreu na década de 1980, graças a uma doação concedida pela US National Science Foundation (NSF), que criou a Computer Science Network (CSNET). Isso permitiu que universidades menores e com menos financiamento se conectassem à ARPA-NET. Lançada em 1981, a missão da CSNET era ser autossuficiente no prazo de cinco anos. E ela conseguiu: em 1984, mais de 180 departamentos universitários faziam parte da CSNET. As razões eram óbvias: era muito mais barato entrar na CSNET do que na ARPANET. As conexões com a ARPA-NET exigiam a instalação e manutenção de equipamentos que custariam cerca de 100 mil dólares ou mais por ano, um valor que mais ou menos nove

---

* "Um Protocolo para Intercomunicação de Rede de Pacotes." (N. T.)
** O Royal Signals and Radar Establishment (RSRE) foi uma divisão de pesquisa científica do Ministério da Defesa do Reino Unido que foi incorporado a outros órgãos em 1991. (N. T.)

CAPÍTULO UM: A CRIAÇÃO DA INTERNET   21

entre 10 departamentos universitários de ciência da computação nos Estados Unidos não podiam pagar. O acesso à CSNET era possível por cerca de um quinto do custo da ARPANET, em parte porque era muito mais focado na troca de e-mails, o que o tornava mais barato.

E enquanto a internet se tornava cada vez mais acadêmica e menos militar, as forças armadas se dividiram e formaram a própria seção da internet: a MILNET (Rede Militar) garantiu aos usuários comunicações mais seguras, longe dos olhares indiscretos do meio acadêmico. Ao todo, 68 dos 113 nós da ARPANET que existiam na época foram desviados para a MILNET, onde ninguém mais poderia acessá-los.

A CSNET Passa o Bastão para a NSFNET

Dado o sucesso da CSNET, as ideias avançaram não apenas em relação a tornar o acesso à internet mais igualitário no meio acadêmico, mas também na direção de difundi-la de forma mais ampla. Em 1985, a NSF (Fundação Nacional da Ciência) montou uma série de supercomputadores (computadores de alta capacidade e de última geração) e procurou garantir que os cientistas do país inteiro pudessem aproveitar o poder deles para fazer cálculos. Assim sendo, os supercomputadores foram conectados à internet. A velocidade com que os dados podiam ser enviados e recebidos dos supercomputadores da NSF era de espantosos 56.000 bits por segundo (ou 56k) — o que seria uma velocidade padrão de ligação à internet para modems de conexão discada mais de 10 anos depois.

Em 1986, nasceu a NSFNET, a versão da ARPANET feita pela NSF: empregava protocolos TCP/IP, que eram usados para enviar pacotes de dados de um destino para outro pela internet e foram adotados como padrão pela ARPANET em 1º de janeiro de 1983. O TCP/IP foi inventado por Vint Cerf e Bob Kahn na DARPA, e a ciência por trás do protocolo foi publicada num artigo acadêmico de dezembro de 1974. Até a adoção do TCP/IP, o número de redes de computadores diferentes que operavam na internet no mundo inteiro não tinha a capacidade de se comunicar entre elas: se a pessoa estivesse em uma rede que não fosse da ARPANET, por exemplo, antes de 1983 ela não conseguiria se comunicar com um computador na ARPANET. Encare o TCP/IP como uma linguagem comum — o equivalente do inglês na informática, um idioma que muitas pessoas no mundo inteiro falam razoavelmente. Usando o inglês, um falante de urdu e um francês poderiam se comunicar com clareza.

O TCP/IP era importante. Frank Heart, da BBN,* que montou o primeiro IMP para a ARPANET, posteriormente comparou a internet pré-TCP/IP à construção de uma rodovia sem carros circulando.

O protocolo nasceu de uma experiência maluca em 22 de novembro de 1977, quando uma van cinza viajava entre São Francisco e San Jose. Na mala não havia um monte de pacotes, mas sim um computador que emitia dados codificados na forma de ondas de rádio e eram transmitidos para o éter por meio de antenas no teto da van. Estações repetidoras no topo das montanhas ao longo do trecho da estrada ajudaram a transportar os sinais para Menlo Park, na Califórnia, onde as ondas de rádio se transformaram em sinais elétricos, viajando primeiro pelos Estados Unidos, depois através do Atlântico até a Estação Terrestre Goonhilly, na Cornualha.

Lá, os sinais foram enviados para o espaço por uma antena parabólica, refletidos em um satélite em órbita, voltaram à Terra mais uma vez para a Estação Terrestre Etam, em West Virginia, e foram transportados de volta por cabos de cobre em direção ao oeste, até Marina del Rey, na Califórnia, a apenas 650 km de onde saíram.

Os dados cruzaram o mundo e passaram por diversas redes, todos em pacotes individuais que poderiam ser reconstituídos ao voltarem à Califórnia. O sistema de interoperabilidade** funcionou. O teste foi bem-sucedido.

A NSFNET era interoperável com a ARPANET, mas possuía uma diferença significativa: permitia que organizações, e não apenas universidades, se conectassem à internet. Assim como a ARPANET, a montagem da NSFNET não foi barata. Uma análise realizada posteriormente por economistas disse que os subsídios governamentais para a NSFNET, bem como para uma série de redes regionais que dela fluíam como pequenos afluentes de um grande rio, custaram 160 milhões de dólares. Provavelmente foram investidos

---

* Bolt, Beranek and Newman (BBN) é uma empresa americana criada em 1948 por dois professores do MIT, Richard Bolt e Leo Beranek, responsável pelo estabelecimento da ARPANET e envio do primeiro e-mail. (N. T.)

** Segundo o portal Gov.br, "A interoperabilidade pode ser entendida como uma característica que se refere à capacidade de diversos sistemas e organizações trabalharem em conjunto (interoperar) de modo a garantir que pessoas, organizações e sistemas computacionais interajam para trocar informações de maneira eficaz e eficiente." (N. T.)

CAPÍTULO UM: A CRIAÇÃO DA INTERNET

mais cerca de 1,6 bilhão no desenvolvimento da internet por universidades e governos estaduais. Mas todo esse dinheiro tinha relativamente pouca coisa para mostrar. Quando o mundo entrou na segunda metade da década de 1980, mais ou menos 2 mil computadores estavam conectados à internet. Isso não aconteceu apenas nos Estados Unidos: em 1989, universidades e organizações em mais de 25 países estavam ligadas à internet. Àquela altura, o acesso à internet havia se espalhado dos departamentos universitários e organizações comerciais para as pessoas comuns: em 1988, a rede FidoNET BBS permitiu ao público em geral se conectar à internet, retransmitindo o conteúdo dos grupos de discussão da Usenet, onde as pessoas se reuniam online, para sua própria rede.

Adeus, ARPANET

Em 1990, ocorreu uma das mudanças mais significativas na história da internet. Desde aquele dia de outubro de 1969, quando a primeira mensagem — *lo* — foi enviada de um computador para outro, a ARPANET era o *backbone** da internet. Contudo, à medida que a década de 1990 se aproximava, a ARPANET não servia mais a tal propósito. Foi desativada no primeiro semestre de 1990 e substituída pela NSFNET. Para marcar o fim de uma era, Vint Cerf escreveu um poema para a ARPANET:

Foi a primeira, e sendo a primeira, foi a melhor,
mas agora vamos deixá-la descansar para sempre.
Agora pare comigo por um momento e derrame algumas lágrimas.
Pelos velhos tempos, por amor, por anos e anos
de serviço fiel, dever cumprido, eu choro.
Deixe seu pacote de dados agora, ó amiga, e durma.

A NSFNET, que deveria substituir a rede quase militar que era a ARPANET, também não duraria muito. Em 1993, a empresa que geria a NSFNET decidiu que esse já não era mais um bom investimento e abriu a possibilidade a uma variedade de fornecedores privados de gerir os próprios

---

* A "espinha dorsal" de uma rede remota, o meio físico capaz de transferir velozmente dados por milhares de quilômetros. (N. T.)

backbones — o que irritou algumas pessoas naquela época, mas ajudou a criar o imenso emaranhado de cabos que cobre nosso planeta, trazendo conectividade para muitos. Inicialmente, apenas cinco empresas tinham recursos suficientes para entrar no mercado, embora mais viessem a se juntar (a consolidação e o custo elevado de montagem dessa infraestrutura significam que hoje o número só foi expandido para mais ou menos seis empresas). Em 30 de abril de 1995, a NSFNET também foi desativada.

O mercado aberto estava no comando. E, nesse momento, vale a pena pensar em como funciona a internet em si.

Como Funciona a Internet?

A "internet" é uma combinação das palavras *interconnected* ("interconectado") e *network* ("rede").

Cada computador, site, servidor ou dispositivo conectado à internet possui o chamado endereço IP, ou endereço de protocolo de internet, que fornece sua localização. (Cada um tem pelo menos um; alguns têm vários.) É o equivalente à latitude e longitude, que localiza onde a pessoa está na rede. Mas os endereços IP não são tão fáceis de usar; digitar 212.58.233.254 é muito mais complicado e muito mais difícil de lembrar do que digitar bbc.co.uk no navegador, e o surgimento dos chamados endereços IP dinâmicos, onde a posição da pessoa na internet pode mudar regularmente, faz com que localizá-la por meio de um IP específico seja algo desafiador. Portanto, temos uma camada amigável que fica no topo da internet, chamada Sistema de Nomes de Domínio, ou DNS.

O DNS foi inventado por dois pesquisadores da Universidade do Sul da Califórnia, chamados Paul Mockapetris e Jon Postel, em 1983. É o equivalente digital de uma lista telefônica e tornou mais fácil acompanhar a internet à medida que ela crescia. Essa lista telefônica existia antes da chegada do DNS: na época da ARPANET, os supervisores da rede mantinham um arquivo chamado hosts.txt, que continha endereços facilmente compreensíveis para pontos-chave da rede. Cada máquina conectada à rede armazenava esse arquivo localmente nos dispositivos, e ele precisava ser mantido atualizado — em geral manualmente. Mas atualizar esse arquivo se tornou complicado à medida que o número de usuários aumentava. Assim sendo,

CAPÍTULO UM: A CRIAÇÃO DA INTERNET

Mockapetris e Postel propuseram o DNS, que traduz solicitações de texto simples com o intuito de visitar locais na internet para solicitações legíveis por um computador.

Hoje, o DNS está em constante atualização e é um sistema descentralizado, com vários servidores DNS armazenados no mundo inteiro interagindo entre si, facilitando a realização dessas traduções rapidamente. (Postel também estaria por trás da introdução de TLDs, ou domínios de nível superior, como .com, .co.uk, .edu e assim por diante, que concebeu em 1986. Quando morreu, em 1998, aos 55 anos de idade, alguns envolvidos no funcionamento da internet temiam que ela pudesse quebrar porque Postel guardava de cabeça muitos segredos a respeito do funcionamento da internet.)

A mudança de um banco de dados único e mantido manualmente de nomes de domínio para uma versão mais automatizada e distribuída é, no microcosmo, a história da infraestrutura da internet. Manter esse sistema funcionando se torna cada vez mais desafiador à medida que ele cresce, embora o DNS tenha conseguido sobreviver com poucos problemas, algo surpreendente.

À medida que o nosso interesse na World Wide Web cresceu e se expandiu para aplicativos, serviços de streaming e armazenamento de arquivos baseados na nuvem, o mesmo aconteceu com a infraestrutura da internet. Mas, como descobriremos ao acompanharmos o desenvolvimento da web, desde um território em que era cada um por si, onde sites caseiros e artesanais dominavam, até uma interface verticalmente integrada nas mãos de alguns grandes provedores, os dados da internet transportados pelos cabos e conexões mencionados anteriormente estão cada vez mais direcionados para apenas alguns sites e plataformas. (Falaremos disso mais tarde.)

Agora, seis grandes empresas de tecnologia — Netflix, Microsoft, Apple, Amazon, Meta (antigo Facebook) e Alphabet (a empresa-matriz do Google) — respondem por 48% de todo o tráfego da internet no mundo inteiro, de acordo com uma análise da Sandvine, empresa que rastreia para onde vão os bits e bytes. Essa proporção está diminuindo (9 pontos percentuais em 2022), mas ainda mostra como grande parte da nossa vida e dos dados que a compõe estão concentrados nas mãos de um pequeno número de empresas.

> **Isto Aqui Está Ligado? Vídeo Online**
> Aqueles que se aventuraram nos primórdios da internet almejavam transmitir vídeo instantaneamente para o mundo inteiro — mas isso só aconteceria num futuro distante. Agora, é um fato bem consolidado: dois em cada três bits de dados transmitidos pela internet correspondem a vídeos. Netflix e YouTube juntos são responsáveis por cerca de um quarto desses dados de vídeo. Enquanto isso, o TikTok, apesar do enorme crescimento, é responsável por cerca de 4% do tráfego de internet baseado em vídeo.

IPv6

Poucas pessoas estão focadas em pensar na infraestrutura por trás da internet, mas no final da década de 1990 passou a ser importante a revisão de alguns dos elementos que faziam a rede funcionar. Era cada vez mais óbvio que o crescimento estava acontecendo rapidamente, e havia preocupações de que esse ritmo acabasse ultrapassando os limites da concepção original da internet.

Os endereços IP passaram por duas eras principais, embora, de maneira confusa, não sejam chamados de 1 e 2. Eles são chamados de 4 e 6.

O IPv4, como era abreviado, usava endereços de 32 bits (como aquela sequência de números que vimos anteriormente em bbc.co.uk) para identificar cada servidor e site na internet. O número de bits envolvidos significava que era possível ter 4,3 bilhões de endereços IP únicos online. Esse valor pode parecer suficiente, mas houve um reconhecimento — e surgiu uma preocupação na década de 1990 — de que o que parecia ser um espaço online interminável pudesse na verdade acabar se esgotando. A condução eficiente do sistema também foi um fator importante que contribuiu para a revisão da tecnologia.

Assim sendo, a Força-Tarefa de Engenharia da Internet, um grupo que supervisiona os padrões da internet, começou a trabalhar no desenvolvimento de uma nova versão de endereços IP. O IPv6 foi lançado em 1998, mudando o sistema de endereços de 32 bits para um sistema muito maior de 128 bits. No entanto, o IPv4 ainda permanece dominante por uma série de motivos. Embora ainda utilizemos o IPv4 em grande medida, a atualização para o IPv6 significou que, em teoria, a capacidade máxima do banco de dados IP passou de 4,3 bilhões de registros para 340 trilhões de trilhões de trilhões (não, isso não é um erro de digitação). A internet não ficará sem endereços, e todos nós poderemos aproveitar seus benefícios.

Cabos Submarinos

Para uma tecnologia de ponta que mudou o mundo, a infraestrutura por trás da internet pode parecer bastante antiquada. Uma proporção importante dos dados que chegam às nossas mentes por meio de dispositivos todos os dias é transportada através de cabos submarinos que cruzam a Terra.

Ao todo, existem 529 sistemas de cabos instalados no leito dos oceanos, transmitindo dados diariamente para o mundo inteiro. Dezenas ligam o Reino Unido exclusivamente à Europa, aos Estados Unidos e ao Canadá, geridos por grandes empresas de infraestrutura de internet. E se ocorrer algum problema com eles, como pode acontecer de vez em quando se um vulcão entrar em erupção, se um navio de pesca arrastar a âncora sobre os cabos, ou se houver algum tipo de sabotagem, o conserto pode sair caro — milhões de dólares por evento. Preservar o funcionamento desses cabos e garantir que novas conexões mantenham o mundo em contato online não é barato. Os gastos em novas infraestruturas desse sistema ultrapassaram os 2,7 bilhões de dólares em 2020, sendo necessária uma série de parcerias público-privadas.

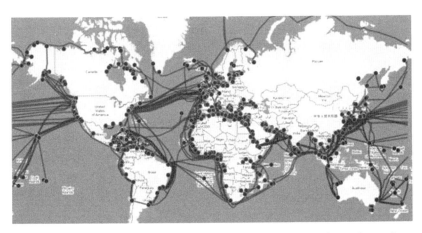

Mapa de todos os cabos submarinos de comunicação do mundo (julho de 2015).

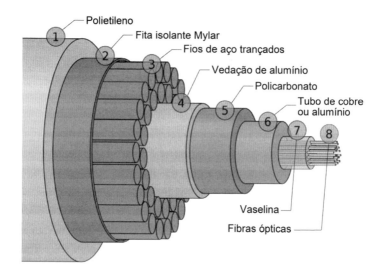

Por dentro de um cabo submarino moderno.

O maior dos novos cabos, a ligação 2Africa, que se estenderá por 45 mil km entre África, Europa e Ásia, ligado à Europa pelo porto de Marselha, é uma maravilha da engenharia. O cabo 2Africa, que circunda a África com ramais para Europa, Ásia e Oriente Médio, é mais comprido que a circunferência da Terra e conectará 33 países mais rapidamente à internet quando for concluído até o final de 2024. O cabo pode transportar 180 terabits de dados por segundo, o equivalente a baixar 7.500 filmes em alta definição da Netflix em um instante. O consórcio que supervisiona o projeto é liderado pela empresa de mídia social Meta, mas inclui uma série de provedores de serviços de internet (ISPs) como Vodafone, Orange e China Mobile. (Um corolário da ascensão das mídias sociais e das Big Techs[*] diz que as exigências por transferências de dados aumentaram e, portanto, as empresas responsáveis pelo inchaço da largura de banda muitas vezes têm que pagar a conta para financiar a infraestrutura da internet. Os chamados provedores de conteúdo, como Google, Facebook, Amazon e Microsoft, alugam ou possuem mais da metade da largura de banda submarina do mundo.)

---

[*] Termo usado para se referir aos gigantes da tecnologia, às grandes empresas que exercem domínio no mercado de tecnologia e inovação. (N. T.)

É um empreendimento caro. No geral, o projeto 2Africa deverá custar 1 bilhão de dólares.

Isso pode parecer caro para algo que tem mais ou menos 2,5 cm de diâmetro, semelhante ao tamanho de uma mangueira de jardim comum (e também passível de ser confundido). Mas os cabos submarinos são uma maravilha da engenharia: uma camada exterior de plástico envolve uma teia de tubos de cobre, que recobre fios de aço que envolvem uma série de fibras ópticas — tubos finos de vidro pelos quais a luz passa e transporta dados ao longo do caminho. Esses cabos podem percorrer quilômetros, indo de uma massa terrestre a outra.

Não que seja uma conexão ininterrupta. As impurezas dentro do cabo de fibra óptica no núcleo dos links de internet impedem que a luz viaje para sempre, o que significa que de vez em quando o sinal precisa ser reforçado por repetidores. Essas paradas tendem a ocorrer a cada 80 km ou mais (os 730 repetidores que fazem parte do cabo 2Africa aparecem a cada 61 km) e pegam a conexão de fibra, amplificam e enviam de volta em sua jornada. Sem essa amplificação, bits de dados seriam perdidos à medida que a intensidade do sinal diminuísse.

Assim que chegam à costa, com a conclusão da viagem transcontinental e subaquática, os sinais de dados são transmitidos aos cabos terrestres que atravessam o país. Esses cabos são muito semelhantes aos que ficam nas profundezas do mar, mas apresentam uma complicação: é difícil descobrir onde colocá-los. O espaço em terra é geralmente limitado e, por isso, as empresas que instalam grandes cabos que cruzam um país optam muitas vezes por tentar colocá-los ao lado das infraestruturas já existentes, tais como gasodutos ou cabos de energia elétrica. Um número surpreendente fica ao longo das principais estradas ou linhas ferroviárias — afinal, já fornecem caminhos preexistentes, simples e ininterruptos que abrigam partes importantes da infraestrutura com segurança.

À medida que chegam às principais cidades, esses grandes cabos de fibra óptica muitas vezes se ramificam. Algumas residências têm o que é chamado de "fibra até a casa", que continua o cabeamento de fibra óptica — embora em menor escala — direto para a propriedade. Esse tipo de conexão à internet é super-rápida porque mantém as altas velocidades possíveis por meio de cabeamento de fibra (embora alguns provedores trapaceiem e usem cabeamento de cobre nos próprios sistemas). Uma segunda conexão, mais comum, é chamada de "fibra até a cabine". Aqui, os cabos de fibra óptica levam a uma cabine telefônica próxima a um bairro residencial, ponto onde o sinal da internet salta do cabeamento de fibra óptica para o cabeamento de cobre, semelhante às formas mais antigas de conexão, mais populares na década de 1990 e nos anos 2000, para chegar até a casa do usuário.

Como Você se Conecta?

Hoje, a maioria das pessoas nunca precisa se "conectar" à internet. Quase todas as conexões são agora de banda larga, sempre ativas e rapidíssimas — embora esse seja um avanço comparativamente recente quando se encara a longa história da internet. Houve um tempo em que o usuário precisava se conectar e suportar um tom de discagem estridente e uma série de ruídos agudos enquanto o computador se conectava por intermédio da linha telefônica. Se você já tem uma certa idade, agradeça por ter sido atingido por uma onda de nostalgia. Se você é muito jovem para saber do que estamos falando... pergunte aos seus pais.

Essa conexão era feita através de um modem embutido no computador. Modems são dispositivos de hardware que traduzem ou modulam os sinais binários digitais produzidos pelos dados (0 ou 1, dependendo se estão desligados ou ligados) em sinais tonais analógicos que podem ser enviados pelas linhas telefônicas. A palavra "modem" é uma palavra criada pela junção de duas outras: "modulador/desmodulador", que é o que a ferramenta faz.

Os modems existem desde a década de 1920 e foram usados na época da Segunda Guerra Mundial e da Guerra Fria para transmitir rapidamente imagens de radar. Naquele tempo, não estavam conectados a computadores e eram totalmente analógicos. Mas, seja digital ou analógico, um modem funciona da mesma forma: modulam sinais de computador em sinais de telefone e, em seguida, desmodulam os sinais telefônicos novamente em sinais legíveis por um computador quando chegam ao computador de destino.

O uso de um modem para transmitir dados com fins militares, como grande parte da internet, se tornou algo que foi então expandido para uso mais geral. O primeiro modem comercial, o Bell 103, foi lançado na década de 1960. Funcionava como uma espécie de suporte no qual o aparelho de telefone era colocado para que os sinais sonoros que vinham do receptor pudessem ser captados perfeitamente pelo modem. Esses modems poderiam

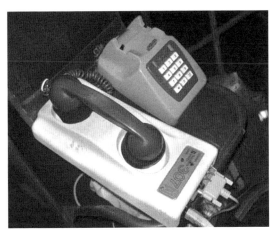

Exemplo de um antigo modem acoplador acústico.

ser usados para se conectar aos primeiros quadros de avisos,* transmitindo os dados que mantinham as pessoas em contato por meio dos BBSs. Os primeiros modems não eram rápidos; começaram com uma capacidade de algo em torno de 110 bits por segundo (bps) antes de subirem para 300bps. Para efeito de comparação apenas, os modems usados no pico inicial da internet eram de 56.000bps.

O quadro de avisos se tornou uma forma básica de comunicação nos primeiros dias da internet, anterior à World Wide Web. E foi criado em parte por causa de uma nevasca que matou centenas de pessoas.

A Grande Nevasca atingiu os Grandes Lagos, o Vale de Ohio e o sul de Ontário no final de janeiro de 1978. Paralisou Chicago e deixou um programador da IBM chamado Ward Christensen sem conseguir trabalhar. Na época, a IBM era um monólito tecnológico, o equivalente à Microsoft ou à Apple hoje. Em vez de ir trabalhar, Christensen decidiu dedicar seu tempo a um projeto que havia idealizado e que ajudaria a construir uma espécie de quadro de avisos digital, onde os usuários poderiam deixar mensagens para outras pessoas que se conectassem mais tarde.

A nova invenção foi chamada de Computerized Bulletin Board System, ou CBBS, que mais tarde foi abreviado para BBS. Ele marcaria o primeiro lar

---

* Eram os BBSs, *bulletin board systems*, ou "sistemas de quadros de avisos" em que os usuários se conectavam a um aplicativo que funcionava como um terminal onde podiam ler avisos, trocar mensagens e baixar arquivos. (N. T.)

para o conceito de comunidade online que ditaria e influenciaria a discussão pública na internet — o antepassado dos *fandoms** sobre os quais aprenderemos no Capítulo 5.

No início, quando a internet não era amplamente acessível ou conhecida, os modems eram periféricos criados por terceiros que uma pessoa podia comprar e conectar ao PC. O primeiro modem para PC foi criado em 1977 por Dale Heatherington e Dennis Hayes; o 80-103A levou a empresa da dupla ao sucesso e estabeleceu uma indústria de modems. Contudo, conforme o preço de produção caía e a utilização da internet aumentava, os modems passaram a ser incorporados aos PCs a partir de meados da década de 1980, à medida que os computadores pessoais IBM começaram a se espalhar por residências e empresas. Demorou até a década de 1990 para que o preço caísse a tal ponto que se tornou basicamente impossível comprar um computador sem um modem integrado, ajudado de certa forma pelo desenvolvimento do Winmodem, um software que terceirizava parte do trabalho exigido do hardware, tornando sua produção mais barata.

É claro que hoje poucas pessoas se conectam à internet apenas por meio de um desktop ou notebook. Já não precisamos ligar o PC a uma tomada telefônica na parede e nos conectar à internet de forma proativa, discando um número de telefone conectado a um provedor e transmitindo nosso nome de usuário e senha por meio dos guinchos e assobios de um modem. Em vez disso, como se sabe, a internet está sempre ligada e acessível a uma panóplia de dispositivos através de um roteador. O roteador é uma caixa que intermedeia conexões entre os dispositivos da pessoa e a internet em geral, e muitas vezes possui Wi-Fi, que foi concebido no início da década de 1990, e lançado ao mundo sob o pretexto de "rede sem fio", em setembro de 1997.

NASCE A COMPUSERVE

Que tal recuarmos um pouco? O hardware é bastante anterior às empresas que ajudaram a intermediar essas conexões. A CompuServe só surgiu na internet em 1979 — então lançada como MicroNET nas lojas da rede Radio Shack para quem comprasse os computadores TRS-80 Model 100 da Tandy,

---

* *Fandom* é o coletivo de fãs de determinada coisa (pessoa, banda, série de TV etc.) geralmente considerado como uma comunidade ou subcultura em si. (N. T.)

CAPÍTULO UM: A CRIAÇÃO DA INTERNET   33

vendidos a um preço comparativamente acessível pela varejista. A Compu-Serve é amplamente considerada um dos primeiros serviços de informação online por conexão discada voltado para o cliente, embora tenha começado em 1969 como um serviço de tempo compartilhado* para empresas que quisessem acessar computadores para realizar sua contabilidade.

No final dos anos 1970 e 1980, a CompuServe se tornou popular por causa de um serviço de bate-papo online, o CB Simulator (assim chamado porque imitava o sistema de radioamador, ou CB em inglês).

Em 1989, a CompuServe oferecia aos usuários comuns da internet a oportunidade de enviar e-mails para outras pessoas fora da CompuServe, bem como uma variedade enorme de animados fóruns de discussão. Ela ganhou a companhia da Prodigy, um serviço concorrente, lançado em setembro de 1990. Enquanto a CompuServe era um sistema baseado apenas em texto, a Prodigy oferecia aos usuários a capacidade de interagir por meio de interfaces gráficas básicas, que incluíam imagens e botões rudimentares ao lado das paredes de texto que caracterizavam o início da internet.

Ambas se tornariam alguns dos principais portais de acesso à internet nas décadas de 1980 e 1990, com comunidades de usuários fechadas sob curadoria personalizada. (A Prodigy seria a primeira a permitir que os usuários navegassem na web mais ampla em dezembro de 1994.) Entretanto, elas também seriam suplantadas por um concorrente mais ágil que popularizou a internet, e então a web, chamado AOL — mais para frente aprenderemos a respeito.

O QUE ACONTECE NA WORLD WIDE WEB?

Como já exploramos, a transferência de dados pela internet é bastante anterior à World Wide Web. Embora a maioria de nós agora encare a visita a sites pela internet como se fosse mágica, digitando uma URL (localizador uniformizado de recursos em inglês, como www.google.com) e nos vendo no site que desejamos, as coisas nos bastidores são bem mais complicadas.

O que está envolvido em cada passo que a pessoa dá na web é uma série de chamadas e respostas — uma gigantesca brincadeira de marco polo.

---

* Um sistema operacional de tempo compartilhado, também conhecido como sistema operacional multitarefa, é um tipo de sistema que permite que várias pessoas usem um computador ao mesmo tempo. (N. T.)

A partir do endereço de protocolo de internet (IP) da pessoa, o computador, telefone ou tablet enviará um sinal. É uma solicitação para visitar um site específico. O site, após receber o pedido, enviará de volta informações que autorizarão a visita. A solicitação geralmente será roteada por vários pontos de IP diferentes enquanto o sistema tenta encontrar a rota mais rápida possível até o destino.

Quando essa conexão for feita e garantida, o servidor que hospeda a informação que a pessoa procura — seja o site de venda de passagens ou o site de um hotel no qual se está tentando ver a foto da piscina — começará então a enviar o conteúdo para o usuário, pacote por pacote.

É uma série bem semelhante de eventos que sempre aconteceram na internet, desde os primórdios da nossa vida online, quando pesquisadores de uma universidade se conectavam digitalmente a pesquisadores de outra instituição e transferiam arquivos diretamente de um computador para outro. Mas se você pensa que todos os hotéis, desde as grandes redes até as menores pensões de caráter familiar, possuem um servidor próprio rodando por trás de seus sites, pronto para fornecer os dados necessários para acessá-los, você está redondamente enganado.

Se cada site hospedasse seus dados na fonte, isso significaria que a navegação na internet poderia demorar uma eternidade, enquanto a solicitação do usuário cruzava o mundo na tentativa de encontrar uma rota para recuperar os dados. Em vez disso, o que acontece em alguns casos é que os dados são distribuídos, e cópias "locais" ficam armazenadas por empresas chamadas redes de entrega de conteúdo, ou CDNs em inglês. Essas CDNs armazenarão cópias do que se acredita que será popular entre os usuários da web — por exemplo, cópias das últimas séries que estejam bombando na Netflix — e armazenarão esses dados em vários locais espalhados pelo mundo inteiro.

A teoria é que quando a pessoa quer assistir a uma série à noite, o notebook ou a smart TV conectada à internet não precisa viajar meio mundo para procurar uma versão. O dispositivo pode procurar uma cópia mais próxima. O mesmo princípio acontece no mundo offline: os supermercados armazenam rolos de papel higiênico localmente nos depósitos para facilitar o acesso dos compradores, em vez de esperar até que o consumidor precise deles e pedir à fábrica que envie.

CAPÍTULO UM: A CRIAÇÃO DA INTERNET

Se a pessoa tiver sorte e o site ou streaming de vídeo ou áudio que procura for popular, ela encontrará uma versão local. Mas se for mais raro, a solicitação de conexão feita ao dispositivo em nome do usuário pode ter que viajar ainda mais para encontrar uma versão. De vez em quando, terá que cruzar oceanos.

Tudo isso acontece despercebido e num instante. A diferença de tempo entre a pessoa pedir para visitar um site armazenado em um *data center** próximo e outro armazenado em um país diferente é de uma fração de segundo. Se, como eu, você mora nos arredores de uma cidade a 500 km de Londres, pode levar de 2 a 5 milissegundos — ou de 2 a 5 milésimos de segundo — para encontrar um site popular armazenado em um *data center* no meio da cidade. Se o site não estiver lá e a solicitação tiver que viajar até Londres, poderá levar mais 20 milissegundos. Se ainda não for possível encontrá-lo e a solicitação de dados tiver que cruzar o Atlântico até Nova York para encontrar a cópia mais próxima, isso pode adicionar 80 milissegundos à conta. Em caso raro, é possível que os dados não estejam sendo mantidos em um *data center* na Costa Leste dos Estados Unidos, e o pedido poderá ter de viajar até São Francisco — o que acrescenta mais 80 milissegundos.

Depois que o arquivo solicitado for encontrado, seja um vídeo, uma página da web ou um elemento individual dela, como uma imagem, ele terá que voltar pela mesma rota, o que leva o mesmo tempo novamente. Cada passo é refeito cuidadosamente. Mas a situação fica um pouco mais complicada: os arquivos não viajam como um todo. Em vez disso, são divididos em pacotes ou pequenas seções. Cada um desses pacotes viaja separadamente de volta ao dispositivo da pessoa, onde são remontados. É como dividir um arquivo ou página da web em pedaços como um quebra-cabeça e depois juntá-los novamente quando chegarem ao destino.

Como a Web É Protegida: Heartbleed

Em 2014, décadas após a invenção da internet, e mais de 20 anos depois de ter sido comercializada, o mundo começou a perceber como a nossa vida digital dependia da boa vontade de entusiastas de um hobby que

---

* Um *data center* corresponde a um local físico que armazena computadores, servidores, equipamentos de rede e periféricos de hardware relacionados. (N. T.)

36 A HISTÓRIA DA INTERNET PARA QUEM TEM PRESSA

dedicavam seu tempo voluntariamente. Em março daquele ano, pesquisadores do Google descobriram uma vulnerabilidade que mais tarde seria chamada de Heartbleed.

Foi um pequeno e único problema nas 456.332 linhas de código que constituíam a OpenSSL, uma organização liderada por voluntários que mantinha uma implementação popular do TLS, ou protocolo de segurança da camada de transporte em inglês. Resumindo, a OpenSSL era um kit de ferramentas de segurança criptografado — uma maneira rápida, fácil e gratuita para sites tão variados como Gmail, Netflix e Etsy manterem em segurança o transporte de nossos dados.

Contudo, essas organizações da Big Tech estavam aproveitando a boa vontade de um punhado de voluntários sobrecarregados de trabalho — que acabaram cometendo erros. Quando um computador envia um ping* para um servidor usando OpenSSL, ele pede a ambos os lados que forneçam uma "pulsação"** — um pequeno pacote de dados para provar que ambas as partes estão funcionando corretamente. Mas um erro de codificação fez com que qualquer pessoa que quisesse poderia pedir a um servidor que devolvesse uma pulsação maior do que o esperado: até 64k de memória, ou texto suficiente para repetir o Discurso de Gettysburg*** 44 vezes.

O Heartbleed significava que os sites estavam divulgando dados que não deveriam. Cada vez que recebiam um ping, vomitavam 64k de informações. Às vezes era inofensivo. Outras vezes incluía senhas ou dados pessoais. E dois terços dos sites do mundo usavam OpenSSL, segundo estimativa. Isso era um problema. E resolvê-lo coube a dois caras chamados Steve — Steve Marquess e Stephen Henson, que supervisionaram grande parte do código OpenSSL inteiro. Depois de muitas noites trabalhando e bastante estresse, uma atualização do código OpenSSL foi rapidamente elaborada e o problema resolvido.

---

* Grosso modo, ping seria um sinal enviado para testar a acessibilidade de um IP e medir o tempo de ida e volta das mensagens trocadas entre o computador de origem e o de destino. O nome vem da terminologia de sonar que envia um pulso de som e escuta o eco para detectar objetos submersos. (N. T.)
** *Heartbeat* em inglês, daí *Heartbleed* (coração sangrando) para a vulnerabilidade. (N. T.)
*** Famoso discurso do presidente americano Abraham Lincoln com 272 palavras (no original em inglês), proferido em 19 de novembro de 1863, em que invocou os princípios da igualdade da Declaração de Independência e definiu o final da Guerra Civil como um novo nascimento do país. (N. T.)

Percebendo a importância do trabalho desses voluntários, as Big Techs começaram a financiar a Fundação OpenSSL, que supervisionava a segurança de todos nós. Foi um lembrete de quanto da nossa experiência digital é remendada — a sobra de códigos desnecessários, malfeitos e redundantes acumulados em décadas de história.

Como Surgiu a Web

No final da década de 1980, o acesso à internet passou das universidades de elite para uma gama mais ampla de instituições — mas ainda permanecia em grande parte reservado àqueles que procuravam se comunicar com colegas pesquisadores ou conversar entre si em quadros de avisos e grupos de discussão.

Para tirar a internet do domínio dos especialistas em tecnologia e levá-la ao usuário comum, era preciso uma interface simples de usar. Isso aconteceu com a chegada da World Wide Web, a invenção de Tim Berners-Lee.

Em 1989, o pesquisador britânico Berners-Lee, que trabalhava no CERN, um laboratório de pesquisa nuclear com sede na Suíça que mais tarde se tornaria famoso por abrigar o Grande Colisor de Hádrons, viu que o potencial da internet poderia ir além da pequena comunidade, em grande parte acadêmica, que habitava a rede na época. Porém, mais urgente, ele achou que havia uma maneira de melhorar a comunicação entre colegas pesquisadores e, assim sendo, começou a construir o que batizou de World Wide Web.

Tim Berners-Lee em foto de 1996.

Em março de 1989, Berners-Lee apresentou uma proposta para o que descreveu como "gestão da informação". O documento resumiu os problemas de perda de informação entre os pesquisadores, especialmente como os sistemas complexos e em constante evolução que eles utilizavam funcionavam à medida que evoluíam rapidamente. Tal proposta, e uma segunda apresentada em maio de 1990, sugeriram uma solução para a questão que atormentava o CERN: "Como conseguiremos acompanhar um projeto tão grande assim?" A resposta? O uso criterioso de hipertexto.

Berners-Lee estava superfamiliarizado com o hipertexto. Ele havia escrito um programa em 1980 para controlar um software que vinha desenvolvendo chamado Enquire. "Para encontrar informações, a pessoa avançava por meio dos links de uma folha para outra, como no antigo jogo de computador *Adventure*", escreveu Berners-Lee na proposta de 1990. Esses links — na época um conceito estranho — eram exibidos usando hipertexto, um termo cunhado décadas antes por um cineasta que virou programador de computador chamado Ted Nelson.

Berners-Lee descreveu o hipertexto conforme definido por Nelson como "informações legíveis por humanos ligadas entre si de uma forma irrestrita". Essencialmente, a pessoa poderia saltar de um conceito para outro, usando os links que Berners-Lee desenvolveu como parte do programa Enquire.

Ele conseguiu convencer alguns colegas do CERN a respeito da utilidade da ideia, incluindo o engenheiro de sistemas belga Robert Cailliau. Com Cailliau, Berners-Lee enviou à administração do CERN uma proposta mais formal em novembro de 1990. Tal proposta foi notável não apenas porque marcou um momento real na história da internet, mas porque a terminologia usada para descrever conceitos ainda é de uso comum hoje:

O hipertexto é uma forma de vincular e acessar informações de vários tipos como uma rede de nós na qual o usuário pode navegar à vontade. Ele fornece uma interface de usuário única para grandes classes de informações (relatórios, notas, bancos de dados, documentação de computador e ajuda online). Propomos um esquema simples incorporando servidores já disponíveis no CERN.

A dupla pediu ao CERN quatro engenheiros de software, um programador e computadores para todos aqueles que acessassem o novo sistema, que ele disse que deveria se chamar World Wide Web.

O projeto foi aprovado, e Berners-Lee instalou o primeiro servidor web no CERN na virada de 1990 para 1991. Como o computador precisava permanecer permanentemente online, ele colocou um bilhete escrito em tinta vermelha: "Esta máquina é um servidor. NÃO DESLIGUE!!!"

O primeiro site foi criado pelo próprio Berners-Lee, hospedado no servidor do CERN. Incluía informações a respeito do projeto da World Wide Web e como funcionava.

> ### A Venda Agressiva do Conceito da Web
> A conferência ACM Hypertext de 1991 foi realizada em San Antonio, Texas. Berners-Lee estava lá com seu conceito da World Wide Web, mas os participantes da conferência se mostraram reticentes. "Não havia nada de muito inteligente no sistema", considerou na ocasião a professora Wendy Hall, contemporânea de Berners-Lee. Hall achou o nome pretensioso, e não era a única cética: o artigo que propunha a World Wide Web foi rejeitado na conferência. Mesmo assim, Berners-Lee ficou circulando pelo evento, demonstrando o conceito.
>
> Pelo menos uma pessoa achou interessante — o primeiro servidor web fora do CERN ficou online nos Estados Unidos, no laboratório de física de partículas da Universidade de Stanford. No entanto, o acesso a sites era tosco. A pessoa poderia usar um navegador com mais recursos caso tivesse um computador NeXT, um tipo específico de computador voltado para o mercado educacional que custa hoje o equivalente a cerca de US$ 16.000. Mas, para aqueles que não podiam bancar tal valor ou não tinham acesso a um computador NeXT pela universidade, havia um navegador da web em modo texto apenas, que era muito ruim para o usuário. Era necessária uma alternativa.

Mosaic: O Primeiro Navegador Popular

Em dezembro de 1992, os programadores Marc Andreessen e Eric Bina perceberam que a promessa da web nunca alcançaria seu potencial se não houvesse um navegador fácil e intuitivo para surfar na World Wide Web.

Andreessen e Bina trabalhavam no Centro Nacional para Aplicações de Supercomputação (NCSA), sediado na Universidade de Illinois. Eles usaram o financiamento fornecido ao NCSA pela Lei de Computação de Alto Desempenho de 1991, que foi desenvolvida e aprovada pelo futuro vice--presidente Al Gore, para projetar um navegador da web. (Gore é muitas vezes ridicularizado, injustamente, por alegar estar envolvido na invenção da internet, mas sem o que se chamou informalmente de "Lei Gore", é improvável que a internet tivesse se difundido tão rapidamente.)

O navegador da dupla, lançado em versão beta em 23 de janeiro de 1993, se chamava Mosaic. Andreessen publicou o programa na internet com uma mensagem dizendo: "Pelo poder que me foi conferido por ninguém em especial, a versão alfa/beta 0.5 do... X Mosaic está lançada."

A hipérbole zombeteira não corresponde ao impacto que o Mosaic teve. O navegador ajudou a levar a web às massas. O Mosaic era simples de usar e encontrava-se disponível em computadores Macintosh e Windows — cujo preço estava caindo rapidamente. Ele também mostrou as qualidades da web para um público que se tornaria seus adeptos mais fervorosos — ao contrário dos primeiros navegadores concorrentes da época, o Mosaic exibia imagens ao lado do texto, mostrando as qualidades multimídia da web.

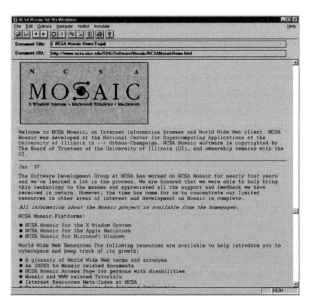

Um *print screen* (captura de tela) do navegador Mosaic.

CAPÍTULO UM: A CRIAÇÃO DA INTERNET   41

No final de 1993, o navegador e seus criadores foram tema de uma reportagem do *New York Times*. Àquela altura, mais de 5 mil pessoas todos os meses estavam baixando o Mosaic — números astronômicos na época, visto que havia apenas uns 500 servidores web conhecidos. Em 1994, o Mosaic foi listado como um dos produtos do ano da revista *Fortune*, na boa companhia dos Mighty Morphin Power Rangers e do Wonderbra.* *WIRED*, a revista do setor de tecnologia em expansão, também elogiou o Mosaic:

> A aparência encantadora do Mosaic incentiva os usuários a carregarem seus próprios documentos na internet, incluindo fotos coloridas, declarações em áudio, videoclipes e "links" de hipertexto para outros documentos. Seguindo os links — clique e o documento vinculado aparece —, a pessoa pode viajar pelo mundo online por caminhos feitos de capricho e intuição.

O título daquele artigo da *WIRED*? "A (Segunda Fase da) Revolução Começou." A era da web havia chegado.

1994: O Ano da Web

À medida que os calendários mudavam de 1993 para 1994, a web ainda era comparativamente pequena. Mas não permaneceria pequena por muito tempo.

As bases para seu crescimento foram estabelecidas por uma lei aprovada pelo Congresso dos EUA em 26 de julho de 1993. A Lei Nacional de Infraestrutura de Informação incluiu um estímulo à importância do governo para tornar a internet amplamente acessível para o maior número de pessoas possível, o mais rápido possível. Isso significava que a internet e a web tinham um gigantesco apoio.

Em 1994, ocorreram duas conferências de grande sucesso — uma no CERN, em Genebra, e outra nos Estados Unidos. O evento de Genebra, chamado de Primeira Conferência Internacional da World Wide Web, ocorreu entre 25 e 27 de maio de 1994 e contou com a presença de 380 pessoas. Os presentes chamaram o evento de "Woodstock da web". A conferência dos Estados Unidos foi maior — devido, talvez, à concentração de cientistas da

---

* Um modelo de sutiã que realça os seios. (N. T.)

computação com conhecimentos de web nos Estados Unidos — e recebeu 1.300 pessoas na Conferência Internacional WWW em outubro.

Esses 500 servidores web conhecidos no final de 1993 se tornaram 10 mil no final de 1994. Mais ou menos 10 milhões de pessoas se conectaram à web. O próprio CERN constatou que o nível de tráfego da web era equivalente ao envio de todas as obras reunidas de William Shakespeare — a cada segundo.

O crescimento rápido da web foi emocionante, mas aqueles por trás da invenção reconheceram que alguma ordem era necessária. Berners-Lee saiu do CERN para ingressar no Instituto de Tecnologia de Massachusetts (MIT), onde fundou o Consórcio Internacional da World Wide Web (W3C), um órgão de definição de padrões. O princípio por trás do W3C era estabelecer linhas de base fundamentais para a web, mas também uma tentativa de Berners-Lee de garantir que a web permaneceria aberta a todos. O consórcio foi criado para proteger o futuro da rede.

Enquanto os burocratas por trás do W3C estavam interessados em garantir que a web funcionasse para todos, havia indivíduos interessados em fincar as próprias bandeiras nesse novo território e construir ali as próprias casas. Ao mesmo tempo, os empresários de raciocínio rápido estavam muito conscientes do potencial de ganhar dinheiro ao serem os pioneiros no que hoje chamamos de Web 1.0. Em fevereiro de 1994, o escritor Dave Taylor decidiu redigir um artigo para uma revista a respeito do número de empresas que realizavam negócios online. Ele ficou surpreso ao saber que não havia banco de dados centralizado — e então decidiu criar o próprio, chamado "The Internet Mall". Começou com 34 empresas, mas cresceria rapidamente.

Assim como a própria web. Se as décadas de 1960 e 1970 foram a era militar da internet, e o foco da década de 1980 foi a migração do controle governamental para a mão dos acadêmicos, a década de 1990 foi atingida com tudo pela força do capitalismo, da concorrência e do setor privado.

CAPÍTULO DOIS

WEB 1.0

BEM-VINDO À AOL

A web realmente se tornou bem-sucedida graças à competição entre os ISPs (provedores) e ao pensamento inovador de um ISP em especial: a AOL.

    A empresa nasceu na era pré-web, em 1988. A Quantum Computer Services administrava um serviço de acesso discado para usuários do computador Commodore 64 chamado QuantumLink. A Quantum ajudou a criar um produto semelhante, a um custo de 5 milhões de dólares, para computadores Apple chamado AppleLink — embora o relacionamento comercial rapidamente tenha se tornado tenso quando a Apple fez exigências rigorosas para a Quantum.

    Um ano depois, a Quantum pegou o projeto fracassado do AppleLink e criou uma versão genérica que não era atrelada a um conjunto específico de computadores. Eles chamaram o novo produto de America Online. A AOL era um jardim murado que oferecia mensagens instantâneas, salas de bate-papo e jogos online — juntamente com uma série de canais que funcionavam como portas de entrada para comunidades online voltadas para interesses comuns. A AOL lançou uma versão do software para o MS-DOS (Microsoft Disk Operating System)* em 1991 e, em 1992, a AOL tinha mais de 150 mil

---

* O sistema operacional por trás do Windows (em termos) que durou até 2001. (N. T.)

assinantes. A America Online abriu o capital no mesmo ano, levantando 66 milhões de dólares. Mas a AOL ainda estava atrás de concorrentes como a CompuServe e a Prodigy. Embora fosse um serviço mais fácil de usar, com um processo de instalação simples e uma interface amigável — simbolizada pela voz acolhedora de Elwood Edwards, um locutor de Washington que recebeu 100 dólares para ser a voz do serviço enquanto cumprimentava com as frases "Bem-vindo à AOL" e "Você recebeu um e-mail" aqueles que com uma boa dose de sorte conseguiam se conectar —, fazer com que as pessoas usassem a AOL se revelou complicado.

> ### A Fábula do Disquete
> Jan Brandt tinha a resposta. Ela se tornou vice-presidente de marketing da AOL em 1993 e apresentou um orçamento de 250 mil dólares para produzir 200 mil disquetes com a AOL pré-instalada, que seriam distribuídos gratuitamente. Assim que as pessoas vissem a AOL, calculou a executiva, elas se inscreveriam.
> A intuição de Brandt estava correta. Um em cada 10 dos que receberam um disquete se inscreveu — um número enorme para uma campanha de marketing. Os disquetes se transformaram em CDs; a certa altura, metade de todos os CDs produzidos no mundo inteiro traziam o logotipo da AOL.

A AOL tinha 1 milhão de usuários em agosto de 1994. Em fevereiro de 1995, eram 2 milhões. Em maio de 1996, eram 5 milhões, momento em que a CompuServe e a Prodigy foram deixadas comendo poeira. Metade da população conectada à internet nos Estados Unidos usava a AOL em 1997. A ascensão da internet é proporcional à ascensão dos computadores domésticos — afinal, sem uma forma de ficar online, não há razão para ter uma conexão à internet. A proporção de lares que possuíam computadores começou a aumentar com o tempo, mas nos primórdios da World Wide Web o número ainda era pequeno. Em 1992, apenas 23% dos lares norte-americanos possuíam um computador.

E só porque possuíam um computador não significava que tinham internet. Muitas pessoas não viram a necessidade: em 1995, apenas 14% dos

CAPÍTULO DOIS: WEB 1.0   45

americanos usavam a internet. Mesmo em 2000, no auge do estouro das pontocom, a minoria dos americanos estava online: 46%. Muitos dos que estavam, no entanto, estavam na AOL. E de alguma forma a empresa ainda persiste até hoje, décadas após o desaparecimento das conexões discadas. Cerca de 1,5 milhão de pessoas ainda dão à empresa 9,99 ou 14,99 dólares por mês para suporte técnico e proteção contra roubo de identidade — provavelmente uma ressaca dos contratos de conexão à internet da década de 1990 que elas nunca cancelaram.

A popularidade crescente da web e da internet em geral pegou de surpresa muitos daqueles que lá moravam há bastante tempo. Então, a partir de setembro de 1993, os cidadãos mais antigos da internet começaram a notar um afluxo de novos usuários, muitos dos quais violavam as normas antigas e ignoravam as regras não escritas a respeito do comportamento online.

Os novos usuários foram trazidos online por intermédio de um acordo entre a Usenet e vários ISPs para permitir acesso gratuito a ela; a AOL contribuiu de maneira importante ao desenvolver um serviço de *gateway** para a Usenet em março de 1994. Foi um movimento similar às mudanças demográficas que ocorriam todo mês de setembro, quando novos estudantes chegavam às universidades e ganhavam acesso à internet através de estações de terminais de computadores no campus — e precisavam de uma orientação gentil e paciente para aprender as regras de trânsito na superestrada da informação (um termo que também podemos atribuir a Al Gore).

O problema é que, com o fluxo acadêmico normal dos estudantes, a situação se normalizava em poucas semanas, à medida que as pessoas se acomodavam, usavam menos a rede e adotavam os hábitos de usuários experientes. Entretanto, com a AOL, isso nunca aconteceu — o problema era persistente e durava o ano todo. Foi assim que o fenômeno ganhou o nome de "Setembro Eterno".

Aqueles que ingressaram na internet naquele Setembro Eterno não eram apenas usuários comuns. Embora a Rainha Elizabeth II possa ter enviado um e-mail no início da rede, demorou até 4 de fevereiro de 1994 para ocorrer a primeira troca de e-mails entre dois líderes mundiais. Carl Bildt, então primeiro-ministro da Suécia, enviou um e-mail a Bill Clinton, na época presidente dos EUA, para felicitá-lo por ter posto fim a um embargo comercial

---

* Essencialmente, um serviço de conexão entre duas redes diferentes. (N. T.)

A HISTÓRIA DA INTERNET PARA QUEM TEM PRESSA

imposto ao Vietnã. Clinton respondeu agradecendo a Bildt pelas palavras e compartilhando seu entusiasmo a respeito da internet. Vinte e cinco anos depois, Bildt postou uma imagem dos e-mails no — onde mais? — Twitter. "Agora, literalmente, uma peça de museu", escreveu ele.

Minha Página Pessoal

A web rapidamente se tornou um segundo lar para os pioneiros que queriam "causar". Esses primeiros usuários perceberam que poderiam fazer bom uso da capacidade de links do hipertexto para criar os próprios domicílios online. A página pessoal floresceu.

Isso mudou a web, que anteriormente era um lugar sóbrio e intelectual, onde professores universitários — a maioria de física ou de disciplinas científicas — despejavam as anotações de aula para os alunos lerem fora do horário letivo. Essa mudança, de laboratórios universitários para uma web mais aberta, democrática e representativa, foi possibilitada por uma série de empresas que ofereceram hospedagem gratuita na internet usando servidores próprios, incluindo algumas cujos nomes estão agora esquecidos por muitos usuários mais jovens, como a GeoCities.

A GeoCities — ou Beverly Hills Internet, como era chamada na época — foi criada em novembro de 1994 por David Bohnett e John Rezner. Os dois empresários administravam uma das primeiras empresas de hospedagem e desenvolvimento online, que oferecia a criação e manutenção de sites para empresas que queriam ser as pioneiras na web.

O que mais tarde se tornaria a GeoCities em 1995 foi uma forma da Beverly Hills Internet Co. vender seus serviços. A ideia era que a pessoa viesse ao site para obter um terreno grátis no novo mundo digital — a GeoCities oferecia aos usuários incríveis 2 megabytes de armazenamento nos quais eles poderiam construir e armazenar o próprio site pessoal — e depois migrasse para os serviços pagos.

Os usuários da GeoCities eram literalmente chamados de "colonos", evocando a ideia de que eram novos colonizadores estabelecendo raízes em um território novo e estranho. E o número desses colonos cresceu à medida que uma proporção cada vez maior de usuários decidiu que não queria apenas navegar na web, mas sim fincar a própria bandeira nela. No final de 1995, milhares de novos usuários se inscreviam todos os dias; sites hospedados na GeoCities recebiam mais de 6 milhões de visualizações todos os meses.

Ela continuou crescendo, apesar da concorrência de outros serviços como Tripod e Angelfire, que também ofereciam hospedagem e armazenamento gratuitos para sites pessoais. Em outubro de 1997, a GeoCities já era o quinto site mais popular de toda a World Wide Web e tinha 1 milhão de usuários hospedando as próprias páginas pessoais por meio do serviço. A GeoCities entrou na bolsa de valores em agosto de 1998 e foi comprada pelo Yahoo! por 3,57 bilhões de dólares em janeiro de 1999. (Ela acabaria fechando em 2009, quando a composição da web mudou e as pessoas pararam de criar sites pessoais ao concluir que os perfis nas redes sociais eram agora seu cantinho na internet.)

Mas entre o site pessoal e a era da mídia social, houve um interregno: os blogs.

A Ascensão dos Blogs

Um dos elementos-chave que exemplificou o início da web foi a capacidade de se expressar online. Mas as primeiras páginas pessoais, incluindo as hospedadas na GeoCities, não captavam totalmente a ideia de um diário online — ou *weblog*,* que mais tarde seria abreviado para blog. Na década de 1990, esses primeiros blogs — atualizações concisas, compartilhadas com o restante da web — exigiam que as páginas fossem atualizadas manualmente.

Ainda assim, as pessoas faziam isso. O termo *weblog* foi cunhado por Jorn Barger, proprietário de um site intitulado Robot Wisdom, que chamou de *weblog* uma coleção de links que encontrou e recomendou a outras pessoas em seu site em dezembro de 1997. Na mesma época, foi lançado um blog de tecnologia chamado Slashdot e, pouco depois, em março de 1999, Brad Fitzpatrick (um dos primeiros blogueiros da web) desenvolveu uma plataforma para blogs que batizou de LiveJournal. Em breve, milhões de usuários estavam atualizando seus LiveJournals, incluindo adolescentes que trocaram os diários secretos em papel por similares abertos ao público na internet.

Mas foi o Blogger, ideia de Ev Williams, que mais tarde desempenharia um papel crucial na criação do Twitter, que realmente deu início aos blogs online. Lançado em agosto de 1999, o Blogger tinha a reputação de ser uma

---

* Junção de *web* (a rede, a internet) e *log* (diário, registro). (N. T.)

> ### Fale Disso no Blog!
>
> É difícil descrever o impacto dos blogs. Eles mudaram a forma como analisamos e entendemos o mundo, e geraram enormes ramificações na maneira como o jornalismo funciona agora no espaço digital. Em vez de depender de resumos perfeitamente embalados na manhã seguinte à ocorrência de um evento, agora esperamos ver um blog ao vivo que capture de maneira sucinta os eventos à medida que ocorram.
>
> O primeiro indício de que esse novo híbrido de jornalismo/blog seria o futuro surgiu em 1998, quando um ex-executivo do departamento de vendas que trabalhava na loja de presentes dos estúdios da CBS publicou uma reportagem em seu blog — The Drudge Report — que nenhuma outra agência de notícias publicaria: havia boatos de que o então presidente dos EUA Bill Clinton tivera um caso sexual com uma assessora no Salão Oval. A disposição de Drudge de publicar e dane-se quase significou o fim da carreira de Clinton — e mostrou o valor dos blogs.
>
>

plataforma mais adulta para blogs, incentivando as pessoas a pensarem nos blogs como um meio-termo entre os diários que elas começaram a publicar e o jornalismo que procuravam imitar. O Blogger foi comprado pelo Google em 2003 e continua ativo até hoje, mas foi ultrapassado por sistemas de gerenciamento de conteúdo como o Wordpress.

Netscape Navigator

Com o vertiginoso aumento do número de sites em meados da década de 1990, orientar-se na web era mais importante do que nunca. Como aprendemos no capítulo anterior, o Mosaic ajudou a inaugurar a era da web, mas passaria por uma transformação em outubro de 1994.

A Universidade de Illinois, onde o Mosaic foi desenvolvido, estava receosa com a comercialização de seu produto por Andreessen e Bina. Mas como ambos os desenvolvedores viram o potencial de o programa ser o principal método de navegação na nascente web, eles decidiram agir sozinhos. O Mosaic foi rebatizado de Navigator, um produto da empresa Netscape Communications, e desmembrado da universidade.

CAPÍTULO DOIS: WEB 1.0

O Navigator foi uma bênção para os primeiros navegadores da World Wide Web. Ao contrário dos programas antecessores, que esperavam até que todos os elementos de uma página da web fossem baixados antes de exibi-la aos usuários, o Navigator fazia isso na hora. Numa época em que as conexões de internet eram muitas vezes terrivelmente lentas, essa era uma ferramenta útil, permitindo que as pessoas percorressem o conteúdo de texto de um site, que carregava mais rápido, enquanto esperavam a exibição de imagens e outros conteúdos multimídia. O Navigator também continha uma inovação: cookies. Esses pedacinhos de dados lembrariam onde a pessoa se conectou aos sites para que ela não precisasse ficar digitando nomes de usuário e senhas, mas acabariam se tornando uma ferramenta útil para anunciantes que quisessem rastrear usuários enquanto eles navegavam.

Em 1995, a Netscape tinha uma participação de 40% no mercado de navegadores e quase dobrou essa participação em 1996. Isso foi algo considerável: havia 45 milhões de pessoas na internet — um aumento de 76% em relação ao ano anterior. (Esse nível de crescimento não foi nada comparado ao salto no número de sites, que cresceu quase 1.000% no mesmo período.) No final das contas, 1995 seria o apogeu da Netscape, pois uma guerra estava começando em relação a quem controlaria o método para nos ajudar a viajar pela World Wide Web. A Netscape abriu capital em 9 de agosto de 1995, com preço inicial girando em torno de 14 dólares por ação.

As bolsas abriram naquela manhã, mas a Netscape não estava disponível para compra. Longe de ser uma preocupação, foi uma bênção para Marc Andreessen e sua empresa. Os compradores estavam tão interessados em adquirir ações da empresa que o mercado não conseguia se organizar de maneira ordenada. Demorou 90 minutos para isso acontecer, e àquela altura a corretora Charles Schwab havia preparado uma gravação especial para clientes preocupados e os contactou, dizendo para apertar 1 caso estivessem interessados em investir na Netscape. Às 11h, as primeiras negociações da Netscape ocorreram a 71 dólares. O pico naquele dia foi de 75 dólares. O *Wall Street Journal* escreveu: "A General Dynamics Corp. levou 43 anos para se tornar uma empresa com valor de 2,7 bilhões de dólares. A Netscape Communications Corp. demorou cerca de um minuto."

A Microsoft, que vinha rapidamente se tornando uma grande força no espaço tecnológico, estava de olho. E queria entrar.

INTERNET EXPLORER

A Microsoft começou a perceber o poder que a internet teria ao ver as pessoas baixando e depois usando o antecessor do Navigator, o Mosaic, para surfar na rede. Assim sendo, decidiram entrar em ação. Em meados de 1994, colocaram o funcionário Thomas Reardon para mexer no código-fonte de uma versão comercial do Mosaic que a Microsoft havia comprado de uma empresa chamada Spyglass, que administrava os direitos do navegador. O Mosaic que a Microsoft comprou não era o mesmo produzido pela equipe acadêmica da NCSA, mas compartilhava recursos fundamentais. A equipe de desenvolvimento da Spyglass havia montado a própria versão do zero, que parecia e funcionava como o Mosaic original. A Microsoft herdou isso e começou a trabalhar no desenvolvimento de um navegador próprio.

Montar esse navegador tornou-se uma preocupação urgente e primordial para a Microsoft — o executivo-chefe da empresa, Bill Gates, via como fundamental para o futuro da empresa. Questão de sobrevivência. Inicialmente, dizia-se que Gates havia se mostrado indiferente à ascensão da internet, considerando que o sistema operacional da Microsoft estava em praticamente todos os PCs vendidos no mundo inteiro — fato que já representava controle suficiente do mercado para ele.

Mas, no final de maio de 1995, Gates mudou de ideia. Em um memorando aos funcionários intitulado "O Maremoto da Internet", ele explicou que simplesmente ficar sentado na posição dominante não seria suficiente:

> Nos próximos 20 anos, o desenvolvimento do poderio computacional será superado pelas melhorias exponenciais nas redes de comunicações... Uma combinação de acesso expandido à internet, de ISDN,* de novas redes de banda larga justificadas por aplicativos de vídeo e de interconexões entre cada uma delas levará comunicação de baixo custo para a maioria das empresas e residências na próxima década.
>
> A internet está na vanguarda de tudo isso, e os desenvolvimentos na internet nos próximos anos definirão o rumo da nossa indústria

---

* Rede Digital de Serviços Integrados: uma rede mundial de comunicações eletrônicas que evoluiu a partir dos serviços telefônicos existentes. (N. T.)

CAPÍTULO DOIS: WEB 1.0

durante muito tempo. Talvez você já tenha visto memorandos meus ou de outras pessoas aqui a respeito da importância da internet. Passei por vários estágios de consolidação da minha opinião a respeito da crescente importância dela. Agora atribuo à internet o nível mais alto de importância. Neste memorando quero deixar claro que o nosso foco na internet é crucial para todas as partes do nosso negócio. A internet é o desenvolvimento mais importante que surgiu desde que o IBM PC foi lançado em 1981. É ainda mais importante do que a chegada da interface gráfica.

Gates definiu cinco prioridades nas quais a Microsoft deveria trabalhar para tirar vantagem dessa mudança significativa. Uma delas foi trabalhar no "cliente" — a ferramenta que competiria com o Netscape Navigator, que na época detinha 70% de participação no mercado.

A Microsoft investiu mais pessoal e recursos no que se tornaria o navegador carro-chefe da empresa. Reardon ganhou a companhia de vários outros funcionários da Microsoft para transformar o Spyglass Mosaic no Internet Explorer. A primeira versão do navegador foi lançada em agosto de 1995, como parte do sistema operacional Windows 95, que se tornou o padrão para muitos PCs vendidos aos usuários.

Começa a Guerra dos Navegadores

Logo a Microsoft começou a incluir o Internet Explorer em seu sistema operacional e permitiu que as pessoas baixassem a versão 2 do programa em novembro de 1995. O acesso gratuito ao Internet Explorer foi um passo significativo em relação a similares como o Netscape Navigator, que exigia pagamento. No entanto, isso mudaria em breve, pois ele também se tornaria gratuito.

Contudo, reduzir o preço do Navigator a zero não conseguiu deter a ascensão do Explorer — às custas da Netscape. O Internet Explorer 3.0, lançado em 1996, foi amplamente considerado páreo para o navegador da Netscape, e a Microsoft ultrapassou com facilidade 10% de participação no mercado de navegadores naquele ano. Em 1998, cerca de quatro em cada 10 usuários da web navegavam na internet usando a ferramenta da Microsoft. Em 2000, esse número dobrou. Os internautas navegavam por 17 milhões de sites, em comparação com algumas dezenas de milhares quando o Internet Explorer foi lançado.

A Netscape foi eliminada; a Microsoft dominou o mercado. Mas algo não parecia correto.

A Microsoft conquistou o topo por meio de práticas anticompetitivas, alegou a Netscape em sua acusação feita ao governo federal dos EUA em maio de 1998. E os tribunais concordaram. Em abril de 2000, na decisão do caso *Estados Unidos versus Microsoft Corp.*, o juiz Thomas Jackson decretou a Microsoft culpada. O motivo? Monopólio.

Naquela época, porém, já não havia como parar o Internet Explorer. O navegador da Microsoft acabou ficando com 95% de participação de mercado no início dos anos 2000 — embora os concorrentes logo estivessem chegando.

Escaramuças Secundárias

O Internet Explorer era basicamente uma ferramenta do Windows, ou seja, os usuários da Apple ainda precisavam de um navegador. O Safari, desenvolvido pela empresa de Cupertino em 2003, foi a alternativa.

Mas o desafio mais difícil para o Internet Explorer em meados dos anos 2000 foi uma fênix surgindo das cinzas do fracasso da Netscape.

O Mozilla Firefox foi criado (em grande parte) tendo como base o Netscape Navigator, mas o programa removeu alguns dos recursos de origem externa que os desenvolvedores acreditavam que a Netscape havia incluído para tentar apaziguar seus patrocinadores. Esse design enxuto também ajudou a Mozilla a apresentar um ponto de diferença em relação ao Internet Explorer, que dominava o mercado, porém estava estagnado e acumulando gordura na barriga. Inicialmente chamado de Phoenix, como uma tentativa proposital de captar a imagem de ressurgimento das cinzas do Navigator, o programa foi renomeado duas vezes devido a acusações de uso indevido de marca registrada: primeiro para Firebird, depois para Firefox.

O navegador foi lançado em novembro de 2004 e rapidamente se tornou popular, obtendo 60 milhões de downloads nos primeiros nove meses de existência. No auge, cinco anos depois, detinha um terço do mercado de navegadores, mas logo seria ultrapassado por outro programa: um navegador desenvolvido pelo Google.

CROMADO

O Google construiu seu negócio sendo inestimável para os internautas. As pessoas usavam o serviço gratuito de webmail da empresa, o Gmail, e visitavam regularmente o mecanismo de pesquisa (também chamado de buscador) para descobrir novos cantos da web. Mantinham as agendas no Google Calendar, lançado em 2006, e mais tarde usariam os softwares de produtividade baseados na web do Google. Havia bem poucas áreas que o Google não tocava.

Exceto o navegador. Em setembro de 2008, querendo consolidar sua posição central na vida digital das pessoas, o Google revelou o Chrome, um navegador que a empresa havia construído em segredo. O Chrome era rápido, fácil de usar e integrado a todas as ferramentas do Google de forma inata à experiência de navegação. Ele replicou o modelo da Microsoft de proporcionar uma experiência de usuário o mais suave possível.

O Google, talvez vendo os problemas que a Microsoft havia enfrentado em relação ao domínio do Internet Explorer na década de 1990, teve o cuidado de dizer que não imaginava que poderia substituir o Firefox ou o Explorer pelo Chrome — embora essa mentira não tenha durado muito. Em 2013, o Chrome era o navegador mais usado no mundo e mantém tal posição até hoje.

EXPLORANDO OS LIMITES DA WEB

Assim como muitas pessoas saem para dar uma volta quando compram o primeiro carro, para desfrutar da liberdade recém-descoberta, os usuários também exploravam os navegadores escolhidos depois de instalá-los e dominá-los, a fim de descobrir todas as coisas que a web podia oferecer.

Isso abrangia visitar as páginas pessoais dos amigos, juntamente com alguns dos primeiros sites estabelecidos, incluindo sites populares como o Ask Jeeves, que foi lançado em junho de 1996 e apresentou uma tecnologia de mecanismo de resposta (em vez de mecanismo de pesquisa) na forma de um mordomo inglês antropomorfizado chamado Jeeves, que respondia as perguntas dos usuários.

O site mais popular no início da década de 1990 era o AOL.com — devido ao fato de que a maioria das pessoas usava a AOL como provedor de internet e, portanto, eram automaticamente direcionadas para lá. Mas

54 A HISTÓRIA DA INTERNET PARA QUEM TEM PRESSA

explorar a internet poderia revelar outros tesouros escondidos à vista de todos, como o Cybergrass, que foi inicialmente hospedado nos servidores do Centro de Pesquisa de Palo Alto no lançamento em setembro de 1992 e foi o primeiro site de música na internet (dedicado ao estilo *bluegrass**). Ou o Internet Movie Database, mais conhecido hoje como IMDb, que pegava carona nos servidores do departamento de ciência da computação da Universidade de Cardiff e hospedava resenhas de filmes.**

Aqueles que realmente desejassem testar as novas conexões com a internet podiam acessar uma página hospedada pela Universidade de Cambridge chamada Trojan Room Coffee Machine. Lá, era possível assistir a uma transmissão ao vivo granulada e tremeluzente de uma cafeteira no laboratório de informática. O site foi lançado na web em 1993, mas já existia na rede privada da Universidade de Cambridge havia dois anos. O Trojan Room Coffee Machine — a primeira webcam do mundo — funcionava como uma diversão para quem navegava nos primórdios da internet, mas era útil para quem trabalhava no departamento de informática: bastava verificar a imagem para ver se havia café fresco para ser servido, sem sair da mesa.

Só no Bate-Papo

Esses primeiros sites eram geralmente o que os cientistas da computação, como aqueles que observavam a câmera da cafeteira, chamariam de "somente de leitura": a pessoa consumia passivamente o conteúdo deles, em vez de interagir com os sites ou entre si. De certa forma, a web inicial foi um passo atrás em relação à internet barulhenta e interativa, com quadros de avisos e grupos de discussão da Usenet que existiam antes da web. Era possível acessar ambos através da web, contudo, houve pouquíssima conversa.

Mas... isso começou a mudar. Havia sites como o Bianca's Smut Shack, hospedado em bianca.com e que foi a primeira sala de bate-papo da web,

---

* Estilo musical que surgiu da fusão entre o country, folk, música celta, blues e jazz. Normalmente utiliza um conjunto de instrumentos acústicos de cordas: bandolim, violão, banjo de cinco cordas, violino, dobro e contrabaixo acústico, com ou sem vocais. (N. T.)
** Na verdade, o IMDb era uma base de dados que reunia listagem de créditos de filmes (ano de produção, duração, país de origem e profissionais envolvidos). Ele não hospedava resenhas; cada filme continha links para as críticas publicadas em veículos online. (N. T.)

lançada em 1994. Os fóruns surgiram logo depois, permitindo aos usuários se inscreverem e conversarem com outras pessoas de maneira assíncrona.

Havia também o IRC, que era um sistema de bate-papo que existia desde 1988. No entanto, o IRC era reservado principalmente aos versados em tecnologia e permanecia fora do alcance de outras pessoas porque tinha a pecha de ser basicamente para nerds. O ICQ, um programa israelense de mensagens instantâneas que usava a internet para fornecer comunicação em tempo real com amigos, chegou em novembro de 1996, enquanto o ícone amarelo do homem correndo do AOL Instant Messenger, ou AIM, se tornou um pilar na área de trabalho de qualquer adolescente em maio de 1997. O MSN Messenger foi a resposta da Microsoft à demanda por um mensageiro instantâneo e se tornou popular após o lançamento em 1999.

Fóruns e programas de bate-papo foram os primeiros equivalentes das mídias sociais, permitindo que os usuários interagissem e conversassem pela internet, mesmo que estivessem a quilômetros de distância um do outro.

Mas apesar de todos os benefícios da web inicial em unir as pessoas, expandir os horizontes dos indivíduos e ensinar coisas novas a eles, houve desvantagens. Sempre há desvantagens.

A tela de acesso da AOL, uma imagem familiar para muita gente.

O Primeiro E-Mail de Spam

Aqueles primeiros dias da web foram uma demonstração de adesão utópica às regras. De maneira geral, os primeiros a adotar essa nova tecnologia tinham ciência do poder que haviam recebido — e usaram tal poder com sabedoria: eles se autorregularam. Algumas vezes, sacrificaram interesses pessoais em prol de um bem maior. Eles se autopoliciaram, e qualquer um que fosse muito barulhento nos grupos da Usenet era instruído a se calar ou baixar a bola.

Mas, como acontece com qualquer coisa, uma fruta podre pode estragar rapidamente as demais. Ou, neste caso, duas frutas podres.

Laurence Canter e Martha Siegel eram advogados de imigração que atuavam em Phoenix, no Arizona. O casal percebeu o poder da internet para alcançar um grande número de pessoas em um curto espaço de tempo — e a possível oportunidade comercial de assim serem vistos por uma multidão. Em meados da década de 1990, a Internet Society, que registrava o crescimento da internet, estimou que 25 milhões de pessoas haviam acessado a rede.

Assim sendo, no início de 1994, Laurence Canter e Martha Siegel traçaram um plano. Eles aproveitariam o poder da internet de construção de comunidades para vender seus produtos.

O casal desenvolveu um script de computador — um código que automatiza tarefas onerosas e demoradas — com o intuito de enviar mensagens em massa para mais de 5.500 grupos da Usenet. Em 12 de abril de 1994, eles clicaram em "enviar mensagem" por meio do script, chamado Masspost.

A mensagem foi confusa para muitos dos grupos da Usenet aos quais chegou:

A loteria do Green Card* 1994 pode ser a última!

O PRAZO FOI ANUNCIADO.

A Loteria do Green Card é um programa totalmente legal que distribui uma determinada cota anual de Green Cards para pessoas nascidas em determinados países. O programa de loteria estava programado

---

* O Green Card é o famoso visto de residência permanente nos EUA que possibilita ao portador o direito de viver e trabalhar no país por tempo indeterminado. A pessoa só não pode votar em eleições federais e concorrer a cargo público, mas tem direito a benefícios de programas sociais e de aposentadoria. (N. T.)

CAPÍTULO DOIS: WEB 1.0   57

para continuar de forma permanente. No entanto, recentemente, o senador Alan J. Simpson apresentou um projeto de lei ao Congresso dos EUA que poderá encerrar quaisquer loterias futuras. A LOTERIA DE 1994 ESTÁ PROGRAMADA PARA ACONTECER EM BREVE, MAS PODE SER A ÚLTIMA.

PESSOAS NASCIDAS NA MAIORIA DOS PAÍSES PODEM PARTICIPAR, MUITAS PELA PRIMEIRA VEZ.

Os únicos países que NÃO podem participar são: México; Índia; República Popular da China; Taiwan, Filipinas, Coreia do Norte, Canadá, Reino Unido (exceto Irlanda do Norte), Jamaica, República Domicana [sic], El Salvador e Vietnã.

As inscrições para o sorteio ocorrerão em breve. 55.000 Green Cards serão entregues a quem se inscrever corretamente. NÃO É NECESSÁRIO TER EMPREGO.

O PRAZO FINAL É JUNHO. A HORA DE COMEÇAR É AGORA!!

Para informações GRATUITAS por e-mail, envie solicitação para cslaw@indirect.com

Para alguns grupos da Usenet direcionados aos interesses de imigrantes recém-chegados aos Estados Unidos ou daqueles que procuravam residência permanente nos país, a mensagem pode ter sido útil. Mas para os integrantes do grupo alt.fan.ronald-reagan, que encontraram a mensagem logo depois das 9h30 do dia 12 de abril, ela provavelmente foi intrigante. Pense nos que estavam no servidor alt.snowmobiles, que viram a mensagem 15 minutos depois, enquanto o Masspost enviava o e-mail para aquela lista, ou nos participantes do grupo alt.sex.masturbation da Usenet, que a receberam na mesma ocasião.

O Primeiro Ataque de Negação de Serviço

Fãs fervorosos da banda de rock The Grateful Dead que se reuniam no rec.music.gdead estavam entre as muitas pessoas que começaram a pensar em uma forma de se vingar de Canter e Siegel. Além de salientar que a maioria dos usuários da internet na época não seriam as pessoas que precisavam de green cards, usuários e fãs como Ron Kalmbacher sugeriram inundar os advogados com perguntas enviadas por e-mail para lhes dar um gostinho do próprio veneno. Chuck Narad, outro fã de música, enviou cerca de 200 mensagens individuais ao casal.

Howard Rheingold foi quem melhor resumiu o sentimento dos primeiros internautas em relação à primeira mensagem de spam comercial. Ele disse à revista *TIME* que foi como abrir a caixa de correio e encontrar "uma carta, duas contas e 60 mil folhetos não solicitados".

A internet se vingou. "Enviamos tantos e-mails de volta para eles que desativamos o servidor", disse Leonard Kleinrock, um dos engenheiros envolvidos no envio da primeiríssima mensagem na ARPANET, lá em 1969. Como consequência da primeira mensagem de spam, a internet criou inadvertidamente o primeiro ataque de negação de serviço — onde uma quantidade inacreditavelmente grande de tráfego é enviado a um site ou serviço para desativá-lo.

A resposta foi um estudo fascinante a respeito da reação humana em massa e poderia, por si só, ser estudada como o primeiro caso de ataque em conjunto da internet — mas Kleinrock, que ajudou a inaugurar a era da internet, estava preocupado. "O ponto importante é que não há como voltar atrás", disse ele. "Isso criou uma mudança enorme na filosofia, na visão e no entendimento da finalidade desta rede. Agora era um mercado. Agora era uma máquina de fazer dinheiro. Podemos chegar ao consumidor. Podemos extrair dinheiro e torná-la um negócio lucrativo."

Ainda hoje vivemos sob a sombra nada invejável daquela primeira mensagem de spam, acredita Kleinrock. Quanto aos dois advogados que enviaram aquela primeira mensagem, que seria chamada de "spam" pela baixa qualidade* (um termo cunhado pela primeira vez um ano antes graças a um compartilhamento acidental de 200 mensagens em um grupo da Usenet por um usuário chamado Richard Depew), eles alegaram ter arrecadado 100 mil dólares em novos clientes com a mensagem enviada em massa. A dupla

---

* *Spam* se refere a um apresuntado enlatado homônimo que foi tema de um esquete humorístico do grupo britânico Monty Python. Ao ter o nome repetido várias vezes na comédia, *Spam* virou sinônimo de algo irritante e sem fim. (N. T.)

escreveu um livro publicado em 1996, intitulado *How to Make a Fortune on the Internet Superhighway.**

Mas o sucesso não duraria. O carma pegou Canter, o marido da dupla de spam. Em 1997, o advogado foi cassado pela Suprema Corte do Tennessee. O motivo? "Apenas para enfatizar que sua campanha por e-mail foi um delito especialmente horroroso", disse William W. Hunt III, do Conselho de Responsabilidade Profissional do Tennessee.

Canter não foi o único a lançar ataques assim — e uma nova geração de ataques de negação de serviço, que foram distribuídos ao cooptar vítimas inocentes para serem os próprios atacantes, viria a seguir.

O Primeiro Grande Ataque de Negação de Serviço Distribuído — E a Confiabilidade da Internet

Para uma coisa às vezes temperamental e tão dependente de hardware — que de vez em quando é colocado aleatoriamente em cima de outros bits —, a internet passa por poucos tropeços, o que é surpreendente. Quando sites ficam fora do ar, mesmo que apenas por alguns minutos, isso tende a virar notícia — o que destaca como esse é um fato incomum.

Às vezes, tais interrupções se devem a um inocente erro humano, como aconteceu com as interrupções intermitentes do Twitter em 2023, quando funcionários sobrecarregados receberam ordens para implementar mudanças complicadas com pouco conhecimento corporativo necessário para realizá-las. Às vezes são acidentes — como quando cabos submarinos são cortados por traineiras que arrastam âncoras pelo fundo do mar. Contudo, às vezes as interrupções são propositais.

Em 2000, Michael Calce era um estudante do ensino médio em Quebec, no Canadá, que usava o nome de usuário online Mafiaboy. Calce, na época com 15 anos, sempre esteve disposto a causar problemas. Ele fazia parte de um grupo de hackers chamado TNT e adorava computadores — e em fevereiro daquele ano, elaborou um plano que chamou de Rivolta (ou "rebelião" em italiano). Calce bombardearia os servidores que hospedavam o site Yahoo! com um ataque de negação de serviço distribuído (DDoS em inglês).

---

* "Como fazer fortuna na superestrada da internet" em tradução livre. Segundo consta na Amazon, o livro foi publicado nos EUA em 1994, e não em 1996 como diz o autor. (N. T.)

O plano funcionou: o Yahoo! ficou fora do ar por uma hora, assim como os sites da Amazon, CNN, Dell, E*Trade e eBay. "O pessoal da Bolsa de Valores de Nova York pirou, porque todos estavam investindo nessas empresas de comércio eletrônico", lembrou ele à NPR.* Na época, foi um dos maiores ataques de DDoS da história — e rendeu a Calce a própria página nos arquivos da internet. Também chamou a atenção das autoridades, que lhe deram uma pena de oito meses em regime aberto, apesar da idade.

O Primeiro Grande Vírus da Internet

Calce se juntou às fileiras dos bandidos da internet, mas estava longe de ser o primeiro. Durante décadas, as pessoas têm procurado quebrar a internet com quase tanta determinação como tentam construí-la.

Robert Morris foi um dos que se enquadraram na primeira categoria — um hacker, em vez de um construtor. A família dele estava intrinsecamente ligada à internet: o pai havia trabalhado para a Bell Labs antes de se tornar cientista-chefe do Centro Nacional de Cibersegurança, que operava dentro da Agência de Segurança Nacional dos EUA, e, seguindo os passos dele, Robert se formou em ciência da computação em Harvard e era conhecido online como "RTM".

Por volta das 20h30 em 2 de novembro de 1988, Morris disparou um programa de computador que mais tarde seria chamado de *Morris Worm*.** Amigos dizem que Morris não pretendia fazer nada malicioso: encontrou um punhado de vulnerabilidades de segurança em sistemas que rodam Unix, um sistema operacional que Morris conhecia bem, e decidiu ver se poderia explorá-las.

O *worm* de Morris tinha como objetivo penetrar por essas vulnerabilidades e fazer um rebuliço pela internet, sem causar danos. Mas ele cometeu um erro na programação, e o *worm*, em vez de não causar nenhum dano, acabou parando a internet. O FBI estima que Morris deu um prejuízo de pelo menos

---

* National Public Radio, a rádio estatal dos Estados Unidos. (N. T.)
** *Worm*, ou verme, é um programa que se propaga de um computador para outro, geralmente produzindo cópias idênticas de seu código na memória de cada equipamento. O termo deu lugar ao "vírus". (N. T.)

100 mil dólares, e potencialmente milhões de dólares, em danos à internet — o que hoje seria equivalente a 250 mil dólares ou mais.

Morris se esforçou para esconder seus rastros: estudante recém-chegado de Cornell após a formatura em Harvard, ele invadiu um computador instalado no MIT para enviar o *worm*. Somente quando as coisas deram errado ele confessou estar por trás do vírus.

O aluno foi reticente em admitir o que tinha feito porque aquilo era um crime — literalmente. Em 1986, o Congresso tinha aprovado a Lei de Fraude

O Worm SQL Slammer (2003)

O worm de Morris foi o primeiro vírus a atingir a internet, mas estaria longe de ser o último. Embora os ataques de ransomware — que mantêm os dados dos usuários como reféns, a menos que os invasores sejam pagos em criptomoedas — dominem o mundo dos ataques cibernéticos hoje, em 2003 as coisas eram bem mais simples. Um vírus de computador que continha apenas 376 bytes de código conseguiu derrubar redes de caixas eletrônicos, atrasar a impressão de jornais e tornar lenta a navegação pela internet.

Este foi o SQL Slammer, que representou um momento fundamental na história da internet. As pessoas perceberam que havia algo de errado em 25 de janeiro de 2003, quando os sistemas mundiais de internet foram paralisados.

Os roteadores estavam sendo inundados com solicitações para enviar e receber pacotes de dados de servidores infectados pelo SQL Slammer, um pequeno vírus que se aproveitava de uma vulnerabilidade de segurança no servidor SQL* da Microsoft.

Qualquer servidor que executasse o software vulnerável seria infectado por um vírus autorreplicante que a seguir criava novas versões de si mesmo e as enviava para a internet em busca de novos endereços IP com a mesma vulnerabilidade. Se encontrasse um, a ação seria repetida.

O SQL Slammer se espalhou tão rapidamente que a maioria dos seus 75 mil servidores vulneráveis foram atingidos em 10 minutos. Ele provou que os servidores de computador precisavam de atualização constante para se manterem à frente dos malfeitores.

---

* SQL, ou Linguagem de Pesquisa Estruturada, é a linguagem de programação padrão para gerenciamento e consultas em banco de dados relacionais. (N. T.)

e Abuso de Computadores, tornando crime invadir computadores como Morris havia feito. Ele foi condenado em 1989 — a primeira pessoa a ser condenada nos termos dessa lei. Morris recebeu uma multa e teve que prestar 400 horas de serviço comunitário pelo crime. Ele acabou se tornando professor do MIT, local que hackeou para lançar o *worm*.

O Primeiro Banner Online

A partir da invenção da internet, sempre tentaram nos vender alguma coisa por meio dela. Desde o primeiro e-mail de spam oferecendo serviços de imigração e apoio para obter um *green card*, até os onipresentes anúncios no Instagram que nos seguem hoje em dia, quase todas as nossas ações no mundo digital estão apenas esperando para ser mercantilizadas.

Esse bombardeio de mensagens de marketing significa que recorremos cada vez mais a ferramentas para abafar o ruído. Quatro em cada 10 de nós usamos regularmente bloqueadores de anúncios em nossos navegadores — pequenos softwares que usam código de programação para reconhecer anúncios em sites e impedir seu carregamento.

Mas houve um tempo em que as pessoas clicavam voluntariamente nos anúncios — na verdade, vê-los era uma novidade e algo que se procurava, semelhante a fazer uma peregrinação a uma atração turística muito conhecida e querida.

Foi então um grande momento quando surgiu o primeiro anúncio na internet. Ele apareceu no hotwired.com, um dos lugares mais legais para se estar na web, em 27 de outubro de 1994, e permaneceu no ar por quatro meses. Foi colocado lá pela empresa americana de telecom AT&T e não era lá grandes coisas de se ver.

Era uma faixa preta fina e horizontal, com oito palavras simples sobrepostas e coloridas num caleidoscópio de tons chamativos e reluzentes: "Você já clicou com o mouse bem aqui?"

Havia uma seta na mesma combinação berrante de cores que levava para a direita, apontando para um texto que dizia: "Você vai clicar". Era minúsculo: 476 pixels de largura por 56 de altura.

A alegação arrogante de que os usuários clicariam num anúncio assim seria ridícula hoje. Mas, naquela época, o povo clicou. Cerca de 44% das pessoas que viram o anúncio clicaram, o que as levou ao site da AT&T,

Os banners logo tomariam conta da internet — como se vê acima.

onde puderam obter mais informação. A novidade era grande demais para não clicar.

No entanto, o efeito passou rapidamente. Depois que foi provado que os banners funcionavam, eles foram espalhados por toda a web. Isso, também rapidamente, se tornou um problema, provocando um gargalo de dados vitais em conexões lentas de internet. O primeiro bloqueador de anúncios do mundo, chamado Internet Fast Forward, foi lançado em 1996 por meia dúzia de programadores em Chapel Hill, na Carolina do Norte, que venderam o programa sob o nome PrivNet, para tentar combater o flagelo dos anúncios.

E eles eram um flagelo. Até os filhos de Joe McCambley, que ajudou a criar o primeiro banner publicitário da AT&T em 1994, disseram ao pai que a obra dele foi "como ter inventado a varíola".

Sexo Vende

Desde os primórdios, o sexo tem estado em primeiro plano na mente das pessoas. Desenhos rupestres retratavam atos libidinosos; os mosaicos romanos, ainda intactos, mostram pessoas em flagrante ato. E portanto, assim que surgiu a internet, era óbvio que o sexo estaria presente.

No início, essas imagens não eram imagens propriamente ditas. A baixa largura de banda e as velocidades lentas de conexão implicavam que qualquer coisa que não fosse texto era impossível de carregar. Mas, como aprenderemos no Capítulo 5, com a chegada do emoticon e de seu irmão mais novo, o emoji, existem maneiras de representar imagens sem usar uma imagem propriamente dita.

A arte em ASCII tem sido um dos pilares da internet. Para os não iniciados, ASCII em inglês é a abreviatura de Código Americano de Padrões para Intercâmbio de Informação, uma série padronizada de símbolos que regularia a forma como as pessoas se comunicavam por meio de texto de computador. A necessidade de um padrão assim foi identificada pela primeira vez em 1961; dois anos depois, foi desenvolvida a primeira edição. O código incluía as letras do alfabeto e os números, bem como uma série de símbolos, de colchetes a travessões, de cifrões a setas.

Em pouco tempo, as pessoas perceberam que, se juntassem alguns desses símbolos, poderiam criar uma espécie de "desenho" — da mesma forma que os romanos perceberam que é possível unir pequenos fragmentos de azulejos para criar uma imagem mais ampla (mosaico). A arte em ASCII virou moda.

E como acontece com qualquer forma de arte, o olhar logo se voltou para nus e representações de atos sexuais. A pornografia em ASCII veio rapidamente em seguida, e usuários com dons artísticos colocaram o talento para retratar situações comprometedoras. Isso logo foi ultrapassado por gente baixando arquivos binários — instruções para os computadores compilarem uma imagem — de grupos da Usenet que depois eram reunidos off-line nos próprios computadores, usando software especializado. Os arquivos binários eram menores que as imagens, mas quando reunidos podiam representar as mesmas imagens que hoje consideramos normais online.

Arte em ASCII de três coelhos.

Apesar de estar envolvido em algumas das primeiras expressões de sexo online, Stephen Cohen (ver box a seguir) não foi a pessoa que reivindicou o que se tornaria um endereço valorizadíssimo na internet: o domínio Sex.com. Em vez dele, foi um empreendedor chamado Gary Kremen. Kremen percebeu que, nos primórdios da computação doméstica, as pessoas não sabiam como usar os computadores e, por isso, montou uma empresa de venda de disquetes cheios de softwares que encontrava online. Em pouco tempo, Kremen também começou a empacotar imagens pornográficas junto com os softwares, atendendo à demanda do mercado. (Kremen criaria mais tarde o site de namoro Match.com, como aprenderemos no Capítulo 5.)

Kremen usou a astúcia empresarial para enxergar além do aqui e agora nos primórdios da World Wide Web, vendo que seria possível ganhar dinheiro não apenas oferecendo serviços ou abrindo empresas, mas acumulando itens que seriam imbuídos de valor à medida que a WWW evoluísse.

Foi assim que ele registrou Sex.com em 9 de maio de 1994, enviando um e-mail e uma carta à Network Solutions Inc. (NSI) em Herndon, na Virgínia,

> ### Ulalá
> Ao mesmo tempo, algumas pessoas entenderam que não precisavam de imagens para se divertir: bastavam interações baseadas em texto com gente que pensasse da mesma forma. Stephen Cohen era uma dessas pessoas: um criminoso confesso, sempre em busca do próximo esquemão para ganhar um dinheiro. Cohen dirigia a Los Angeles Free Love Society, um catálogo por correspondência de membros de um clube em busca de sexo casual em meados da década de 1960. Mas era basicamente um golpe: a maioria dos integrantes eram homens que pagavam 20 dólares pra matar o tesão e recebiam em troca apenas uma carteira mais leve.
> Cohen também esteve envolvido nos primórdios da internet em sistemas de BBS. Por volta de junho de 1979, ele procurou combinar os dois interesses — computadores e sexo — lançando a French Connection BBS. Escolhido pelas conotações exóticas, o nome French Connection permitia aos usuários realizar as fantasias mais loucas por meio de texto. As interações acabaram se espalhando offline, envolvendo surubas em bairros nobres da Califórnia. Foi um dos primeiros lugares na florescente internet onde as pessoas puderam explorar sua sexualidade.

A HISTÓRIA DA INTERNET PARA QUEM TEM PRESSA

uma empresa de tecnologia que recebeu a jurisdição exclusiva para conceder direitos a nomes de domínio — as letras e números que a pessoa digita em uma barra de endereço para direcionar o navegador a um site específico. A NSI assinou o contrato para supervisionar o registro de domínios aos requerentes pela Agência de Sistemas de Informação de Defesa dos EUA, que rapidamente percebeu, no início da década de 1990, que esta se tornaria uma tarefa onerosa (em 1991, 12 mil domínios haviam sido registrados; hoje existem centenas de milhões).

Sex.com

Kremen não estava especificamente focado no Sex.com — a carta solicitando o registro do domínio foi algo secundário, a conclusão de uma longa lista de domínios que ele decidiu registrar depois de folhear a seção de classificados de um exemplar do *San Francisco Bay Guardian* para entender no que as pessoas estavam interessadas.

A lista de Kremen era relativamente longa não porque tivesse muito dinheiro para investir nisso — afinal, no início da década de 1990, não era necessário pagar para registrar um domínio junto às autoridades, elas simplesmente davam o nome —, mas porque vislumbrou um negócio milionário. Hoje em dia, domínios podem mudar de dono por um caminhão de dólares — o LasVegas.com por exemplo foi comprado em 2005 por 90 milhões de dólares. Um jornalista da *WIRED* solicitou e adquiriu os direitos de McDonalds.com no início de 1994. Então, procurou a empresa para saber se eles queriam comprar. A gigante do fast-food ficou perplexa, mas acabou sendo convencida a pagar ao jornalista 3.500 dólares pelos direitos. Em setembro de 1995, a NSI, que já havia sido comprada pela Science Applications International Corp., entendeu que poderia lucrar com os direitos. Logo, eles começaram a cobrar uma taxa de registro de 5 dólares para cada nome de domínio. Em seis meses, a empresa faturou mais ou menos 20 milhões de dólares.

Antes de a cobrança entrar em vigor, Kremen havia respeitosamente solicitado os direitos de Sex.com e o obteve sem nenhum custo, exceto o valor do selo para a carta à NSI. O site permaneceu inativo até outubro de 1995, quando Stephen Cohen encontrou a URL e percebeu que estava vazia. Ele ligou para Kremen e alegou que deveria receber direitos pelo domínio

CAPÍTULO DOIS: WEB 1.0

— citando, sem provas, que tinha direitos em relação à marca registrada Sex.com por causa de seu histórico com a French Connection BBS. Mas Kremen não lhe deu a mínima atenção. Falsificando documentos, Cohen, então, roubou o domínio, enviando a documentação fraudulenta à organização de registro, que entregou o Sex.com a ele sem fazer perguntas. Cohen passou a abarrotar o Sex.com. com banners de anúncios.

Os anúncios no Sex.com faturaram 50 mil dólares, e analistas avaliaram o site em 100 milhões de dólares ou mais. Entretanto, tudo foi baseado num golpe — do qual Gary Kremen foi vítima.

Veio a seguir uma longa batalha judicial envolvendo a propriedade do domínio, que foi devolvida a Kremen em 27 de Novembro de 2000. O tribunal também decretou que Cohen devia a Kremen dezenas de milhões de dólares — que nunca foram pagos.

Kremen jamais quis estar no ramo da pornografia. Por isso, depois de muita reflexão, vendeu o Sex.com por 14 milhões de dólares em 20 de janeiro de 2006. Foi declarado "um acordo histórico" pela imprensa na época.

Os Primeiros OnlyFans Antes do OnlyFans

Hoje, milhões de pessoas ganham a vida vendendo acesso a si mesmas — e, na maioria das vezes, com fotos em posições comprometedoras — através do OnlyFans. O site só para assinantes permite que fãs ávidos paguem para acessar conteúdo exclusivo, muitas vezes pornográfico/erótico, postado pelos próprios criadores. O OnlyFans foi fundado em 2016, porém, há mais de 20 anos, uma empreendedora stripper percebeu como tirar proveito da natureza devotada de seus fãs.

Em 1995, Danni Ashe, que se apresentava em Seattle, decidiu levar consigo uma leitura leve ao tirar férias na praia: um livro de programação em HTML. O HTML foi uma parte fundamental da programação de qualquer site nos primeiros dias da World Wide Web.

Usando o que aprendeu com o livro, Ashe lançou o próprio site — Danni's Hard Drive — no mesmo ano. Ela postava fotos, vídeos e áudios que as pessoas poderiam pagar 15 dólares por mês para acessar o quanto quisessem. O modelo, como ficou comprovado pelo estrondoso e meteórico sucesso do OnlyFans e por outros que seguiram os passos de Ashe, funcionava. Ela chegou a faturar 6,5 milhões de dólares num ano, e foi dito que

68 A HISTÓRIA DA INTERNET PARA QUEM TEM PRESSA

o número de pessoas baixando conteúdo do site de Ashe consumia mais largura de banda* do que toda a América Central. Embora algumas pessoas estivessem trabalhando honestamente com pornografia, também havia uma corrente de pirataria pornográfica.

O sexo domina a internet — mas também gerou questões complicadas para quem está online a respeito da ética de compartilhar conteúdo com um público mais amplo. Uma fita VHS de sexo explícito gravada pela estrela de *S.O.S. Malibu*, Pamela Anderson, e seu marido na época, Tommy Lee, foi roubada da casa deles em 1995 e rapidamente chegou à internet. Ela se tornou uma das primeiras sensações virais e causou enorme sofrimento a Anderson. Foi, em muitos aspectos, o primeiro exemplo de compartilhamento não consensual de imagens íntimas — algo que até hoje continua a atormentar a internet, que nunca se esquece.

PIRATARIA ONLINE

Desde os tempos em que o ser humano faz arte, há pessoas fazendo cópias de arte. De imitações baratas de pinturas dos antigos mestres até o flagelo das duplicações caseiras que tanto prejudica a indústria da música, do livro e do cinema... a pirataria faz parte da nossa vida cotidiana.

E a internet, como várias outras modernidades, ajudou a turbinar a pirataria. Online, os primeiros piratas estavam envolvidos no que é chamado de cena *warez*** — uma subcultura underground com origem nos BBSs que existiam antes da World Wide Web, antes mesmo de passarem para os serviços de mensagens do Internet Relay Chat (IRC) no final dos anos 1980 e para métodos vizinhos à web chamados servidores de FTP (protocolo de transferência de arquivos) na década de 1990.

Se a pessoa se conectasse aos primeiros BBSs, servidores e salas de bate-papo piratas, veria duas coisas sendo negociadas principalmente: software pirata e pornografia. Empreendedores com acesso a scanners de mesa copiavam o mais recente pôster central dobrável da *Playboy* e depois vendiam

---

* Largura de banda é a capacidade de transferência de dados de uma rede (diferente do tráfego, que está ligado a quantidade, a largura de banda está relacionada com a velocidade). (N. T.)

** *Warez*, termo derivado da língua inglesa, segunda metade da palavra "software" no plural. Primariamente, se refere ao comércio ilegal de produtos com direitos autorais. (N. T.)

CAPÍTULO DOIS: WEB 1.0

online a imagem; da mesma forma, nerds em busca da mais recente versão de um software se ofereciam para negociar cópias piratas de programas populares. Isso se tornou um problema tão grande que a Software Publishers Association, um órgão da indústria, lançou uma campanha de conscientização pública chamada "Don't Copy That Floppy",* que fez crianças em idade escolar em todos os Estados Unidos assistirem a um vídeo, incluindo um rap, encorajando o povo a não se envolver com pirataria de software.

Ainda assim, na era pré-internet, era necessário conhecer alguém que conhecesse alguém — ou saber onde procurar e o que perguntar — para encontrar materiais pirateados. Era preciso ter amigos que viajassem para Hong Kong, onde havia uma abundância de videogames e filmes piratas, ou conhecer um simpático funcionário de uma locadora de vídeo que passasse uma cópia não autorizada de um VHS/DVD por baixo do balcão, se a pessoa explicasse direito o que estava procurando. Mas a internet trouxe a pirataria para as massas.

Mesmo na década de 1990, ainda era preciso ter os contatos certos. Os mecanismos de pesquisa ainda eram relativamente rudimentares, e a maioria das chaves que abriam as portas desse submundo da pirataria surgiam por intermédio de apresentações pessoais: alguém na cena, talvez um usuário de um BBS ou canal do IRC dedicado à pirataria, informaria onde encontrar uma caverna do Aladim cheia de material ilícito.

As pessoas tendem a piratear conteúdos para poupar dinheiro: uma pesquisa de 1994 publicada numa revista de ética empresarial descobriu que as pessoas pirateavam software por causa do custo — os resultados foram ratificados por um estudo de 1997. Afinal, o que pode competir com o grátis? Como Perry Barlow, fundador da Electronic Frontier Foundation, escreveu num artigo da *WIRED* de 1994 na internet: "Tudo o que você sabe a respeito de propriedade intelectual está errado."

Ambas as pesquisas eram anteriores ao surgimento do programa que mudaria a pirataria para sempre — e que acostumaria as pessoas comuns à ideia de não pagar pelas coisas que consomem.

---

* "Não Copie Aquele Disquete." (N. T.)

NASCE O NAPSTER

O ano era 1999, e Shawn Fanning e Sean Parker tinham planos ambiciosos. Fanning era um calouro na Universidade Northeastern que se mostrava cada vez mais indócil. Em janeiro, abandonou os estudos para passar mais tempo na programação de uma plataforma que acreditava ser capaz de resolver um problema enfrentado pelos aspirantes a piratas havia tempo: eles gastavam horas tentando baixar faixas de música em conexões lentas de internet de sites e canais de IRC e acabavam vendo as tentativas falharem antes que a transferência fosse concluída.

Fanning usava o nome "napster" em salas de bate-papo e em algum momento de 1998 revelou que tinha um plano para consertar o problema: conexão e transferência *peer-to-peer*.* A ideia era que a pessoa pudesse disponibilizar determinadas pastas no computador que outras fossem capazes de acessar via internet. Elas poderiam então baixar o arquivo do computador em um ritmo que a conexão do usuário com a internet pudesse suportar. Não haveria riscos de tempo esgotado ou falha de download. A pessoa poderia pausar e reiniciar os downloads quando quisesse. Melhor ainda, poderia pesquisar todo o banco de dados de arquivos MP3 disponíveis para download. (O MP3 foi um formato de arquivo lançado em 1991. Ele conseguiu reduzir um arquivo de áudio pesado a um tamanho mais gerenciável para conexões lentas de internet por meio da eliminação de partes da música que estão fora da capacidade de audição da maioria das pessoas. É como apagar o fundo de um esboço, para que a pessoa veja apenas as partes mais importantes.) O Napster era como ter em mãos um catálogo de material obtido ilegalmente.

Parker estava na mesma sala de bate-papo por acaso e ficou encantado com a ideia. Os dois decidiram se unir e lançar o Napster — o que fizeram em 1º de junho de 1999. Em outubro daquele ano, os usuários já haviam concedido acesso a mais de 4 milhões de arquivos que os colegas podiam baixar — todos de graça —, o que chamou a atenção e aumentou a ira da indústria fonográfica. Isso foi anos antes da chegada do iTunes, lançado em 28 de abril de 2003, e da capacidade de baixar legalmente arquivos MP3. (O iTunes foi

---

* Ponto a ponto, ou mais precisamente em informática "transferência não-hierárquica", onde cada usuário se comunica com outro na mesma camada com acesso compartilhado dos mesmos arquivos. (N. T.)

CAPÍTULO DOIS: WEB 1.0

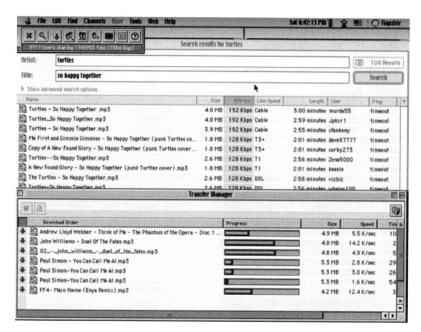

Um *print screen* do Napster, de 2001.

lançado com 200 mil faixas disponíveis para download.) Três anos depois, o serviço de streaming Spotify foi lançado, acabando por erradicar a necessidade de comprar músicas individuais.

O Napster estava desrespeitando a lei. A Lei de Direitos Autorais do Milênio Digital (DMCA) foi aprovada em outubro de 1998 e entrou em vigor dois anos depois, permitindo que os detentores de direitos autorais perseguissem com obstinação aqueles que possuíssem conteúdo obtido ilegalmente, exigindo indenização e condenação à prisão.

A indústria da música tinha razão em estar preocupada. O Napster tirou a pirataria das sombras e levou para as massas. Alguns administradores de conexões de internet universitária relataram que entre 40 e 60% de todo o tráfego que passava pelas redes consistia em transferências de arquivos MP3, por meio do Napster e de vários concorrentes que operavam de maneira semelhante. O termo de pesquisa "MP3" ultrapassou "sexo" pela primeira vez no início de 1999, logo no lançamento do Napster. Em 2001, os 70 milhões de usuários do Napster em todo o mundo estavam baixando 300 bilhões de MP3s por ano.

72 A HISTÓRIA DA INTERNET PARA QUEM TEM PRESSA

Os MP3s disponíveis no Napster cobriam todos os gêneros e uma infinidade de artistas; o Metallica processou a plataforma em março de 2000, depois de descobrir que uma versão demo da música "I Disappear" estava acessível antes de ser oficialmente lançada. A mesma coisa aconteceu com a canção "Music", da Madonna, de agosto de 2000, que chegou ao Napster mais de dois meses antes de ser ouvida pelo mundo, e o Radiohead encontrou algumas faixas do álbum *Kid A* aparecendo online meses antes do lançamento do CD. Não eram apenas os artistas que perseguiam o Napster nos tribunais. Dezoito gravadoras se uniram para lançar o processo *A&M Records v. Napster*, que emitiu uma liminar em 5 de março de 2001, impedindo o Napster de permitir que as pessoas trocassem músicas protegidas por direitos autorais por meio do serviço. Demorou mais de quatro meses para o Napster obedecer, e o serviço encerrou os downloads ilegais em 11 de julho de 2001. A empresa por trás do Napster pôs fim à ação judicial aceitando um acordo no valor de 26 milhões de dólares.

O Napster tentou entrar na legalidade fornecendo um serviço de assinatura paga para músicas licenciadas, mas a maioria esmagadora dos usuários, tão acostumados a receber coisas de graça, se recusou a pagar. Ao mesmo tempo, as gravadoras que passaram dois anos vendo o Napster como o grande inimigo não ficaram muito entusiasmadas com a ideia de confiar seus arquivos à empresa. Os assinantes que permaneceram não tinham uma grande variedade de faixas para escolher. O Napster pediu falência em junho de 2002.

Àquela altura, porém, uma série de outros aplicativos que usavam tecnologia semelhante já tinham chegado: havia o LimeWire, fundado em 2000 por Mark Gorton (um ex-operador de Wall Street), que em 2007 estava instalado em um terço dos computadores do mundo inteiro. Havia também o KaZaA, desenvolvido por programadores estonianos e lançado em março de 2001. A maioria desses filhos do Napster foram processados e deixaram de existir. Mas era tarde demais: o mundo tinha desenvolvido um apetite insaciável por conteúdo gratuito. Um método totalmente diferente de transferência de arquivos *peer-to-peer*, chamado BitTorrent, também foi revelado (2 de julho de 2001), e ainda hoje continua sendo um dos principais métodos de acesso a arquivos pelos quais a pessoa não pagou.

O Entretenimento Contra-Ataca

A resposta da indústria do entretenimento ao aumento da pirataria, que viu as vendas de música nos EUA caírem de 14,6 bilhões de dólares por ano em 1999 para 6,3 bilhões em 2009, foi encontrar um meio-termo para os piratas/usuários. As gravadoras perceberam que as pessoas não estavam mais comprando cópias físicas quando podiam acessar MP3s e reproduzi-los em novos tocadores de MP3 (o iPod da Apple foi lançado em outubro de 2001).

Assim sendo, as gravadoras começaram a vender MP3s. Mas não eram os mesmos arquivos que as pessoas pirateavam havia anos: esses "novos" MP3s incluíam gerenciamento de direitos digitais (DRM, em inglês).

O DRM evitou o enorme risco que os detentores de direitos tanto temiam: que versões não autorizadas de seus produtos — fossem músicas, filmes ou software — pudessem ser espalhadas através da internet. O DRM permitiu que eles experimentassem o mercado online, distribuindo mídia e software pela rede, mas também controlassem rigidamente o que acontecia com as obras quando eram liberadas. Era um código de programação que limitaria o que poderia ser feito com um arquivo assim que estivesse sob propriedade de pessoas comuns.

Embora fosse uma solução popular para o problema da pirataria na década de 2000, as origens do DRM eram bem mais antigas. A Electronic Publishing Resources foi a criadora do que hoje seria considerado o software DRM — o fundador, Victor Shear, criou a tecnologia em 1986 para ajudar a vender um de seus próprios produtos. Shear era responsável por uma empresa que comercializava softwares de gerenciamento de banco de dados para bibliotecas, que estavam começando a emprestar CD-ROMs. Mas os fabricantes desses CD-ROMs tinham receio de deixar que as bibliotecas tivessem acesso aos produtos, temendo que houvesse pouco incentivo para as pessoas que já tinham pegado emprestado um CD-ROM depois fossem comprá-lo.

A ferramenta foi inicialmente chamada de ROI (retorno sobre o investimento, na sigla em inglês), nome que estava na frente do pedido de patente de Shear em 1986. Essa patente lançou a Electronic Publishing Resources, e logo a ideia de Shear de uma ferramenta de gerenciamento de direitos digitais estava sendo desenvolvida por muitos outros concorrentes. Shear fundou uma empresa diferente, a InterTrust, que vendia ferramentas no estilo DRM

> ### A Pirataria Obtém uma Vitória
>
> As novas restrições não foram bem recebidas, como era de se esperar, pelos consumidores acostumados ao acesso livre de direitos autorais a músicas e outros arquivos. Assim sendo, começou uma nova revolução na pirataria. Em 2003, The Pirate Bay — um site de pirataria que conectava usuários a arquivos *torrent** para download acessáveis por meio do BitTorrent — foi lançado a partir de um servidor (computador) cooptado por Gottfrid Svartholm, um hacker sueco que trabalhava para uma empresa no México, cujos chefes não tinham ideia do que ele estava fazendo.
>
>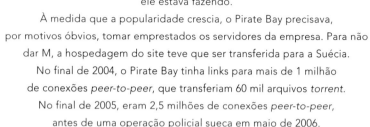
>
> À medida que a popularidade crescia, o Pirate Bay precisava, por motivos óbvios, tomar emprestados os servidores da empresa. Para não dar M, a hospedagem do site teve que ser transferida para a Suécia. No final de 2004, o Pirate Bay tinha links para mais de 1 milhão de conexões *peer-to-peer*, que transferiam 60 mil arquivos *torrent*. No final de 2005, eram 2,5 milhões de conexões *peer-to-peer*, antes de uma operação policial sueca em maio de 2006.

para empresas que começavam a se preocupar com a atitude de faroeste sem lei em relação aos direitos autorais na internet.

A InterTrust possuía uma série de patentes envolvendo DRM, e o próprio Shear estava motivado a "desenvolver a base para uma sociedade civilizada no ciberespaço", disse um ex-funcionário. No entanto, essa civilidade não se estendeu à proteção dos direitos de suas patentes: Shear processou a Microsoft por infringi-las e pôs fim à ação judicial por meio de acordo no valor de 440 milhões de dólares. As ideias de Shear basicamente se tornaram a norma para uma onda de novas ferramentas de DRM, que os detentores de direitos adoravam, mas que os usuários comuns detestavam por causa do quanto elas bloqueavam a capacidade de fazer... o que bem quisessem com arquivos digitais.

---

* *Torrent* é um conjunto de arquivos obtidos por meio de uma rede *peer-to-peer*; a ideia é que seriam baixados como uma "torrente". (N. T.)

Mesmo assim, o Pirate Bay sobreviveu — e continua sobrevivendo, esquivando-se como pode de proibições e ameaças.

Até quem faz parte da indústria fonográfica usa a plataforma: em 2016, Kanye West tuitou uma foto da tela de seu notebook que mostrava um navegador aberto em vários sites. A imagem pretendia demonstrar como ele estava progredindo na produção de seu novo álbum. Mas o que West não percebeu foi que os usuários também puderam ver que ele tinha abas abertas no navegador aparentemente acessando um *torrent* de software de criação de música e um site que permitia aos usuários retirar áudios de arquivos do YouTube — novamente, de forma ilegal.

Ao mesmo tempo, outros surgiram e desapareceram, incluindo o Oink's Pink Palace, que era um site de música privado financiado pelas doações dos usuários e funcionou de 2004 a 2007. Quando foi fechado devido a uma tentativa de processo por fraude de direitos autorais (do qual Alan Ellis, o proprietário, foi considerado inocente), surgiu um substituto chamado What.CD. Esse durou quase uma década até fechar também, em 2016, para evitar uma operação policial.

O *Boom and Bust** das Pontocom

Embora várias pessoas tentassem roubar conteúdo sem a intenção de ganhar dinheiro com isso, muitas empresas na internet em crescimento conseguiram ganhar um montão mesmo assim. As empresas que tiveram a vantagem de serem pioneiras conseguiram colher recompensas enormes e crescer no mercado, com valorizações de grande sucesso e abertura do capital (IPO) nas bolsas de valores.

Tais empresas ajudaram o índice de ações Nasdaq a subir mais de 800% entre 1995 e março de 2000. Em parte, isso se deveu ao inchaço do número de empresas de internet: estima-se que 50 mil foram fundadas entre 1996 e 2000, bancadas por mais de 250 bilhões de dólares em capital de risco em torno do ecossistema online. Quase 250 empresas de internet abriram o capital em 1999. O banco de investimentos Morgan Stanley monitorou uma cesta

---

* *Boom and bust* é uma expressão americana muito usada no mundo dos negócios que significa algo como expansão e retração, prosperar e falir, auge e queda. (N. T.)

de 199 papéis ligados à internet já lançados, que valiam 350 bilhões de dólares em outubro de 1999.

Parecia que havia uma taxa de sucesso de 100% envolvendo as start-ups* de internet: simplesmente estar online era o mesmo que imprimir dinheiro. O capital de risco, que controla volumes enormes de dinheiro vivo e procura lucros astronômicos, adorou apoiar novas start-ups sediadas no celeiro da web, o Vale do Silício, na Califórnia. Não importava se ainda não estavam dando dinheiro. E de fato não estavam. E aquelas tais 199 empresas monitoradas pelo Morgan Stanley que valiam quase meio trilhão de dólares? Elas simplesmente venderam 21 bilhões de dólares em bens durante todos aqueles anos. E, ao que parece, não com fins lucrativos: as perdas combinadas foram, na verdade, de 6,2 bilhões de dólares.

Um jornalista que cobriu o auge das pontocom disse mais tarde à revista *Vanity Fair* que, em festas financiadas pelo dinheiro do investimento de risco, os fundadores (que mal haviam saído da faculdade) respondiam, com ar confiante, que elas eram "empresas de pré-receita" diante da inevitável pergunta se as pontocom eram rentáveis. (É uma questão que persistiria ao longo da história das Big Techs. Cerca de quatro em cada cinco empresas que abriram o capital na década de 1980 eram lucrativas quando negociadas nos mercados de ações. Em 2019, apenas uma em cada cinco start-ups avaliadas em mais de 1 bilhão de dólares se mostraram realmente lucrativas.)

A insinuação era que as pontocom acabariam dando dinheiro — um modelo que as start-ups de tecnologia ainda hoje seguem, de crescimento a todo o custo, na esperança de poderem encontrar um modelo de negócio viável antes de gastarem a grana toda. E os jornalistas nem sempre faziam as perguntas certas. A *WIRED* estava interessadíssima em aproveitar o melhor do boom das pontocom. Em um artigo de julho de 1997, os repórteres escreveram:

> Entramos em um período de crescimento sustentado que poderá, com o tempo, duplicar a economia mundial a cada 12 anos e trazer prosperidade crescente para — literalmente — bilhões de pessoas no planeta. Estamos surfando as primeiras ondas de uma série de

---

* Termo para empresa emergente com baixo custo de investimento, normalmente com propostas inovadoras e algum produto inédito no mercado. (N. T.)

25 anos de uma economia em grande expansão que contribuirá muito para resolver problemas aparentemente intratáveis como a pobreza e para aliviar as tensões no mundo inteiro.

Foi uma afirmação arrogante e portentosa.
Mas, claro, não era verdade.

Como o Oeste Selvagem Foi Conquistado

As narrativas gêmeas, descritas neste capítulo, destacam a natureza anárquica da Web 1.0. Em questão de anos, passamos de uma internet folclórica, onde as pessoas se reuniam em fóruns e aplicativos de bate-papo e cuidavam de seus sites pessoais num cantinho difícil de descobrir da web, para uma internet onde dominavam as grandes plataformas.

Essa presença das Big Techs veio com força total. A abordagem do tipo "faça você mesmo", que exemplificou a primeira década quase inteira de existência da web, ainda se encontrava presente, mas estava sendo invadida e inundada pelo domínio de alguns grandes nomes.

O Netscape Navigator, o tecnológico e sofisticado navegador, adorado por entusiastas e pioneiros, seria muito em breve suplantado pelo Internet Explorer, o gigante projetado para ser inevitável e insubstituível nos computadores pessoais. As páginas pessoais daqueles que criaram cuidadosamente sua presença online começaram a parecer datadas e cafonas à medida que a web se tornou um grande negócio. No lugar delas havia um punhado de sites graúdos — muitos dos quais veremos no próximo capítulo — que todos os demais sites orbitavam.

As coisas estavam mudando e mudando rapidamente. Uma época estava terminando. Outra... apenas começando.

CAPÍTULO TRÊS

WEB 2.0

BEM-VINDA, WEB 2.0

No final da década de 1990, a World Wide Web estava se espalhando. Mais pessoas estavam online graças a conexões baratas ou mesmo gratuitas à internet, enquanto o custo do hardware para navegar só caía de preço. Nos Estados Unidos, tinha até computador sendo dado: era possível adquirir de graça um PC conectado à internet do fabricante eMachines, dependendo do contrato que assinasse com um provedor.

À medida que o segundo milênio se aproximava, quase meia América do Norte já estava online e uma em cada oito pessoas na Europa e na Ásia Central. O mundo ocidental estava ficando online rapidamente — mas isso não refletia todo o quadro global. No mundo inteiro, pouco menos de 7% das pessoas estavam conectadas à internet, o que salienta que a geografia é em grande parte o fator responsável pelo acesso. Mesmo assim, essa foi uma nova era. E, como deve ser, precisava de um novo nome.

Ele foi cunhado pela designer de experiência do usuário* Darcy DiNucci, que preparou um artigo para a edição de abril de 1999 da revista *PRINT*, intitulado "Futuro Fragmentado". DiNucci escreveu:

---

* Profissional que cuida de interações do usuário com uma marca. Após a transformação digital, essa experiência se voltou principalmente para sites, aplicativos móveis, ferramentas e outros recursos similares. É, basicamente, um designer de interfaces. (N. T.)

CAPÍTULO TRÊS: WEB 2.0

A relação da Web 1.0 com a web de amanhã é mais ou menos equivalente a do Pong com *The Matrix*... A web que conhecemos hoje, que carrega em uma janela do navegador telas essencialmente estáticas, é apenas um embrião da web que está por vir.

DiNucci previu um futuro que não estava no horizonte, mas que já estava aqui, e que se chamaria Web 2.0. Ela seria "fragmentada em inúmeras permutações com aparências, comportamentos, usos e sistemas principais diferentes". Seria interativa. Estaria em aparelhos de TV, em telefones e talvez nos micro-ondas (um augúrio da Internet das Coisas). Foi presciente. Foi uma nova era. O nome Web 2.0 seria até emprestado ao título de uma conferência que começou em 2004. Mas também foi uma época em que ocorreria uma apropriação de terra por parte de alguns dos maiores nomes da Web 1.0 e uma gigantesca batalha pelo controle, cujo impacto estamos vivendo ainda hoje.

A Web 2.0 foi uma época emocionante para todos nós. Mas para contar a história de como chegamos lá, precisamos voltar à era 1.0.

ESTOURA A BOLHA DAS PONTOCOM

A febre do boom das pontocom não poderia durar. A conta simplesmente não fechava. A AOL estava na crista da onda: na década de 1990, o valor das ações da empresa havia aumentado 80.000%! Ela se fundiu com a Time Warner em 10 de janeiro de 2000 para criar o que Steve Case, CEO da AOL, disse que seria "a empresa global da era da internet".

Contudo, na realidade, a fusão se mostraria um fracasso. À medida que o século 20 se transformava em 21, o boom das pontocom estava prestes a dar com a cara na parede. Mas o mundo ainda não sabia disso.

Talvez nenhuma empresa exemplifique melhor a questão do *boom and bust* das pontocom do que a Pets.com — uma empresa que vendia tudo que se pode imaginar para animais de estimação. Lançada por Greg McLemore, a ideia por trás do negócio foi inteligente. As pessoas amam seus animais de estimação e estão dispostas a gastar um bom dinheiro com eles.

A ideia inteligente parou aí. Como McLemore não foi o único que percebeu essa lacuna no mercado, a Pets.com estava competindo com uma série de outras empresas. Ainda assim, McLemore foi convincente e vendeu à

80 A HISTÓRIA DA INTERNET PARA QUEM TEM PRESSA

Amazon uma participação de 54% na empresa pouco depois do lançamento, em fevereiro de 1999. A Pets.com abriu o capital com sucesso em fevereiro de 2000, angariando 82,5 milhões de dólares.

O motivo disso é um mistério. Com a abertura do capital, a Pets.com revelou seu volume de vendas em 1999. Ela vendeu apenas 5,7 milhões de dólares em produtos. E, para piorar, havia perdido 61 milhões de dólares nessa operação. A conta não fechava.

O motivo ficou mais óbvio quando se examina o modelo de negócios. A Pets.com perdia 57 centavos em cada dólar de vendas. Eles cobravam 5 dólares para enviar um saco enorme de ração para cachorro, metade do preço que custava à empresa para enviá-lo. No auge das pontocom, o modelo de negócios não importava; tudo o que importava às pessoas era a percepção. Era possível fingir até conseguir.

Contudo... a Pets.com não conseguiu. Apenas 268 dias após o lançamento na bolsa, a empresa pediu falência. Não foi a primeira. Nem seria a última.

O estouro da bolha das pontocom provocou um corte de gastos em alguns dos maiores nomes da web. Mas não havia como deter a poderosa onda da Web 2.0 — e algo precisava ser feito para navegar nela.

O Mundo da Pesquisa

As fronteiras cada vez maiores da World Wide Web criaram um problema para aqueles que optaram por "surfar" nela, como dizia a terminologia naquela época. Ela era simplesmente grande demais.

Quando o projeto da WWW foi lançado em 6 de agosto de 1991, como ideia de Tim Berners-Lee, ele possuía um único site: o próprio, hospedado em info.cern.ch, que explicava o conceito. Em 1992, havia 10 sites para os primeiros navegadores se familiarizarem. Quando chegou o ano de 1993, a web já havia se expandido para 130 sites — apenas o suficiente para ser lembrado pela mente de uma pessoa.

Mas no início de 1994, as coisas estavam saindo do controle. Havia mais de 25 milhões de usuários online, que podiam navegar em 2.738 sites, cada um contendo muitas páginas separadas. Embora isso fosse empolgante para os primeiros exploradores da web, também tornava difícil encontrar as coisas.

CAPÍTULO TRÊS: WEB 2.0

Tentar lembrar exatamente onde se viu aquela informação incrível algumas horas atrás, após visitar centenas de outros sites, era um desafio.

Ficar perdido estava se tornando um problema — assim como a recuperação de informações, como reconheceram os dois estudantes da Universidade de Stanford por trás do Yahoo!, Jerry Yang e David Filo. Eles criaram o que hoje podemos considerar um mecanismo de pesquisa, mas na verdade era mais um fichário digital projetado para tentar dividir a web em categorias distintas. Havia seções de Notícias e Mídia, de Sociedade e Cultura, e de Entretenimento. A princípio, pelo menos na página inicial do Yahoo!, não havia nenhuma caixa de texto na qual a pessoa pudesse digitar o que procurava. No lugar dela, havia um mar de links, categorizados em subseções.

O Yahoo! não tinha esse nome: no início era "Guia de Jerry e David para a World Wide Web". A dupla o renomeou como Yahoo!, um acrônimo para "Yet Another Hierarchical Officious Oracle",* quando reconheceram que teria mais utilidade do que apenas o próprio interesse pessoal deles.

A revelação que Yang e Filo tiveram não foi exatamente original. Tentativas de categorizar e ajudar as pessoas a encontrarem informações na internet de uma forma menos aleatória, anteriores à fundação do Yahoo! em janeiro de 1994, já existiam. Houve o Archie, lançado em 1990, que buscava listar todos os diretórios de arquivos hospedados na internet, depois veio o Veronica, projetado por pesquisadores em Nevada, e mais um, o Jughead. (Os dois últimos foram uma homenagem ao primeiro: Veronica e Jughead são personagens da série de revistas em quadrinhos *Archie*.) No entanto, nenhum era um mecanismo de pesquisa no sentido atual.

A certa altura, Berners-Lee até tentou registrar todos os servidores novos que surgiam na World Wide Web, apresentados em ordem cronológica inversa a partir do momento em que ficaram online. Mas a tarefa logo se mostrou desafiadora demais.

Devido ao enorme salto no número de websites entre o início de 1993 e 1994, 1993 acabou por ser a verdadeira gênese do que hoje reconhecemos como pesquisa na web. Naquele ano, entusiastas dedicados que buscavam indexar a internet começaram a tentar formas diferentes de reunir as informações.

---

* "Mais um oráculo hierárquico oficioso." (N. T.)

82 A HISTÓRIA DA INTERNET PARA QUEM TEM PRESSA

NASCE O JUMPSTATION

Não foi difícil argumentar a favor dos mecanismos de pesquisa. "Precisamos conseguir especificar exatamente o que precisamos e deixar que os computadores façam a pesquisa por nós", escreveu Paul Glister num livro de 1995 com o subtítulo "The Essential Guide to the Internet Interface".* Mas *como fazer isso* não era tão simples.

A pessoa que criou o que hoje consideramos os princípios fundamentais por trás do funcionamento da maioria dos nossos mecanismos de pesquisa modernos (ou buscadores) — enviar os chamados *web crawlers*** para o mundo digital e ver o que mudou, trazendo de volta informações que podem então ser categorizadas e apresentadas em resposta a uma pesquisa de texto — foi Jonathon Fletcher, bacharel em ciência da computação pela Universidade de Stirling. Fletcher planejava fazer doutorado, mas como não conseguiu financiar os estudos, arrumou um emprego na universidade.

Como queria entender o que estava espalhado pela web, Fletcher enviou um exército de *web crawlers*, ou robôs de computador, que começaram a partir de uma lista de URLs fornecida por Fletcher e seguiram cada hiperlink em cada página para encontrar novas páginas em outros sites. Quando um *crawler* encontrava uma página da web que não tinha em seu banco de dados, ele registrava e armazenava o título da página, a URL e um breve resumo do conteúdo, com base em quaisquer cabeçalhos usados no site.

Esses primeiros *web crawlers* foram enviados para a World Wide Web em 12 de dezembro de 1993. Em 21 de dezembro, eles já haviam esgotado toda a web indexável e retornaram com cerca de 25 mil resultados. (O processo seria repetido constantemente; em junho de 1994, eram 275 mil páginas da web. Lembre-se: uma página é apenas uma única seção de um site maior.) Nascia o JumpStation, como Fletcher chamou o site que permitia aos usuários consultar o conteúdo do banco de dados que os robôs reuniram.

Nem todo mundo na web ficou feliz com a ideia de um robozinho correndo por suas casas online. "Alguns operadores acharam que o robô estava invadindo os sites, e um deles postou uma mensagem dizendo: 'Não sabemos

---

* "O guia essencial para a interface da internet." (N. T.)
** Os "rastreadores da web", também chamados de *web spiders* ("aranhas da web"), são algoritmos usado para analisar o código de um website em busca de informações e depois classificar os dados encontrados. (N. T.)

quem você é ou o que está fazendo, mas por favor pare com isso'", disse ele em 2009 a um jornal.

Fletcher divulgou o mecanismo de pesquisa por meio da página "Novidades" do Mosaic, que, se você se lembra do Capítulo 1, era o principal ponto de entrada na web para muitos usuários àquela altura. O JumpStation cresceu em popularidade. Foi indicado, mas não ganhou, ao prêmio Melhor da Web em 1994 como "Melhor Auxílio à Navegação". O JumpStation perdeu para o WorldWideWebWorm, site criado por Oliver McBryan, um estudante de ciência da computação da Universidade do Colorado que começou a trabalhar em um conceito semelhante ao JumpStation em setembro de 1993, mas que só foi lançado para uso público em março do ano seguinte. O prêmio Melhor da Web elogiou o WorldWideWebWorm como sendo "já muito próximo de ser abrangente, ganhando popularidade. Um robô que indexa títulos, url's [sic] e links de referência."

Mas apesar de ter sido o primeiro buscador, no caso do JumpStation, e o melhor, no caso do WorldWideWebWorm, nenhum dos projetos foi em frente. O JumpStation desapareceu em 1994, pois Fletcher não conseguiu convencer a universidade — cujos servidores ele usava para alimentar a ferramenta — a continuar a apoiá-lo. A tentativa de McBryan também fracassou — em grande parte porque ele pretendia que fosse um projeto de pesquisa, e não uma ferramenta para ganhar dinheiro. Eles logo foram substituídos por outros que queriam buscar fortuna e também fornecer uma nova ferramenta para os primeiros usuários da web.

O GOOGLE ENTRA EM CENA

Sergey Brin e Larry Page se conheceram e se tornaram amigos (aos poucos, porque no início não se davam nada bem) enquanto estudavam na Universidade de Stanford, na década de 1990. Os dois eram nativos da internet, conheceram a World Wide Web na adolescência e demonstraram talento para navegar. Mas também perceberam o problema de descobrir tesouros enterrados nas profundezas da web.

Eles já tinham visto os mecanismos de pesquisa disponíveis por aí e acharam que não eram lá essas coisas. A dupla tinha uma solução melhor, que mais tarde seria descrita em um artigo acadêmico de dezembro de 1998. A tecnologia por trás da empresa que eles chamariam de Google (um erro

84 A HISTÓRIA DA INTERNET PARA QUEM TEM PRESSA

ortográfico proposital de "googol", um número que representa 10 elevado à centésima potência*) se chamava PageRank.

O PageRank era um algoritmo que ajudava a classificar os resultados da pesquisa com base no número de outras páginas da web com links para uma determinada página. Dessa forma, ao contrário dos *web crawlers* de mecanismos de pesquisa, que seguiam links de um site para outro, o Google incorporou *backlinks*** — presumindo que sites valiosos seriam aqueles que recebessem muitos *backlinks*.

Considere, por exemplo, uma fonte altamente confiável de informações originais, como um site de notícias. À medida que produzia informações, outros as pegavam e discutiam em fóruns. Se um site recebesse muitos links, ele teoricamente seria de alto valor. Esse era o tempero secreto do Google, que mais tarde acabaria com toda a concorrência. Assim como o JumpStation e o WorldWideWebWorm, o Google utilizava um *web crawler*, que ia para uma web mais ampla e trazia de volta informações a respeito de todas as páginas que descobriu.

O *web crawler* do Google foi lançado em março de 1996, começando com a página inicial do PageRank no site da Universidade de Stanford. Ele rastreou a teia de links interconectados a páginas diferentes e os classificou em ordem de importância com base nas pesquisas realizadas pelos usuários.

O rastreamento foi significativo. Levando em conta as informações encontradas pelo *web crawler*, o Google foi lançado na Universidade de Stanford em agosto de 1996. Ele tinha indexado cerca de 30 milhões de páginas e sequer havia tentado indexar outros 30 milhões ou mais. Ao todo, foram baixados 207 gigabytes de dados. O Google representava 50% de toda a largura de banda de Stanford na época — uma situação que rapidamente se tornou inviável.

O site Google.com, que se tornaria a sede permanente do mecanismo de pesquisa, foi registado em 15 de setembro de 1997. Levaria mais um ano para a empresa ser constituída (4 de setembro de 1998).

---

* Ou 1 seguido de 100 zeros, um absurdo numérico criado pelo matemático Edward Kasner em 1938 e batizado com um nome que não significa nada, "googol", por sugestão de um sobrinho. (N. T.)
** *Backlinks* são links de uma página da internet para outra, funcionando como uma referência dentro de um determinado conteúdo. (N. T.)

> ### Google da Época até Agora
>
> Quase imediatamente, o buscador de Brin e Page se tornou sinônimo de pesquisa. Em novembro de 1999, o Google processava 4 milhões de pesquisas diariamente. No milênio, tornou-se o maior mecanismo de pesquisa do mundo, permitindo aos usuários escolher entre um bilhão de URLs em cada pesquisa realizada em junho de 2000. "O novo índice gigantesco do Google significa que é possível pesquisar algo no equivalente a uma pilha de papel com mais de 100 km de altura em menos de meio segundo", disse Larry Page na época.
> O Google havia se tornado dominante. E assim permaneceria pelas próximas duas décadas. Um estudo de 2023 de mais de 5.600 páginas de resultados de mecanismo de pesquisa entre 2000 e 2020, realizado por pesquisadores portugueses, descobriu que aquilo que o Google mostra aos usuários — e a forma como mostra — evoluiu lentamente com o tempo, permanecendo praticamente o mesmo na essência, com novas adições ao longo do caminho. Em 2008, surgiram as pesquisas relacionadas, permitindo aos usuários saltar de um fluxo de consciência para pesquisar outro. Na década de 2010, imagens e notícias selecionadas foram anexadas ao topo de alguns resultados. Painéis de Conhecimento (ou de Informações) e Trechos em Destaque, que tentavam poupar cliques dos usuários nas páginas mostradas nos resultados ao trazer respostas a perguntas como "quantos anos tem Brad Pitt?", chegaram em 2014 e 2016, respectivamente.
> O Google evoluiu muito além da simples lista de 10 links azuis em sua primeira versão. Mas também não se afastou demais dessa visão. Isso não significa, porém, que o Google ficou parado.
>
>

Pesquisa de Imagens do Google

Nos anais da história da internet, dois vestidos marcam momentos importantes que definiram a forma como vivemos online. Um deles era o modelo preto e azul (ou deveria ser branco e dourado?) que viralizou em 2015 como um teste de Rorschach para a capacidade de discernir truques visuais. Saberemos mais a respeito disso no Capítulo 5.

O outro era um vestido de *chiffon* de seda verde desenhado por Donatella Versace e usado pela cantora Jennifer Lopez na premiação do Grammy em fevereiro de 2000.

A imagem que todos pesquisavam de Jennifer Lopez em seu vestido Versace verde.

O vestido Versace, com decote ousado abaixo do umbigo e fenda na perna, virou assunto imediato na internet, assim como na hora do cafezinho em escritórios do mundo inteiro. Mas havia um problema: quem digitasse "vestido da Jennifer Lopez" no Google em fevereiro de 2000 — e muitos digitaram; a consulta se tornou a mais popular que o Google já tinha visto na época — encontraria resultados de pesquisa descrevendo o vestido. Mas não veria uma foto da peça de roupa.

O Google já sabia havia algum tempo que deveria desenvolver um mecanismo de pesquisa voltado para imagens, mas, até o incidente de Lopez, não tinha percebido o tamanho da demanda reprimida. O Google encarregou Huican Zhu, um novo contratado recém-saído da faculdade, e Susan Wojcicki, gerente de produto que mais tarde se tornaria CEO do YouTube, para desenvolver a ferramenta. Lançada em julho de 2001, apresentou resultados retirados de um montante de 250 milhões de imagens indexadas em seu banco de dados, em resposta a solicitações de texto.

Dez anos depois, a pesquisa reversa de imagens foi revelada pelo Google, permitindo que o usuário insira uma imagem própria e veja de onde ela

CAPÍTULO TRÊS: WEB 2.0

poderia ter vindo — algo que ajudaria uma legião de detetives da internet a deduzir mistérios e que deu origem à indústria de OSINT (inteligência de código aberto, em inglês), que, entre outras coisas, identifica planos russos para assassinar ativistas da oposição e atribui crimes de guerra a quem os comete. É tudo graças a J-Lo.

A MELHOR PIADA DE PRIMEIRO DE ABRIL

Não satisfeito em mudar a forma como pesquisamos, no Dia da Mentira de 2004 o Google decidiu revolucionar a forma como usamos outro componente importante de nossa vida online: o e-mail.

À medida que a internet saiu do âmbito exclusivo dos laboratórios de informática das universidades e se estendeu para o restante do mundo, os endereços de e-mail, que eram uma parte importante da comunicação online, começaram a ser distribuídos pelos provedores. Se a pessoa se conectasse à internet via AOL, ela receberia um endereço de e-mail @aol.com. Se o provedor fosse o Freeserve, como o meu no início dos anos 2000, obteria um endereço @fsnet.co.uk, e assim por diante.

A ideia funcionou, mas muitas vezes gerava endereços complicados, incluindo nomes completos. Começou a aparecer uma série de provedores de webmail* terceirizados, não vinculados à forma como o usuário se conectou à web, incluindo o Hotmail em julho de 1996 e seu principal concorrente, o RocketMail, lançado no mesmo ano e comprado pelo Yahoo! um ano depois por 92 milhões de dólares, tendo sido renomeado como Yahoo! Mail. Mais de 8,5 milhões de pessoas se inscreveram para uma conta gratuita do Hotmail 18 meses após o lançamento do serviço, cada uma delas com enormes... dois megabytes de armazenamento. Fazia sentido: o serviço era gratuito e o armazenamento do servidor era caro. Contudo, à medida que a internet se tornava cada vez mais baseada em multimídia (com imagens e vídeos), e mais pessoas interagiam umas com as outras por e-mail, os usuários rapidamente viram suas caixas de entrada lotarem.

Foi por isso que, quando combinado com a data de 1º de abril no comunicado à imprensa, as pessoas não acreditaram no Google quando eles

---

* Sistema de e-mail online totalmente interativo que pode ser acessado por qualquer navegador da web conectado à internet. (N. T.)

anunciaram que estavam abrindo o acesso beta a um serviço gratuito de webmail chamado Gmail, que daria a cada usuário um gigabyte de armazenamento como padrão — 500 vezes mais que o Hotmail. O Gmail estava em desenvolvimento desde 2001 e mudou, consideravelmente, o e-mail para sempre. A pessoa não só não precisava excluir mensagens da caixa de entrada, como também poderia até enviar arquivos grandes para si mesma a fim de liberar espaço no computador, como eu mesmo fiz. Foi um precursor da ideia de armazenamento na nuvem e também o maior responsável pela minha caixa de entrada estar abarrotada (meu Gmail está agora com 314.760 mensagens não lidas). Meu nome de usuário consegui logo após o anúncio do Gmail. A etiqueta de "beta", que indicava que o serviço ainda estava em testes e poderia dar errado, durou até julho de 2009.

Pode ser difícil imaginar agora, quando o Gmail provê as contas de e-mail de grandes empresas, bem como de bilhões de indivíduos, mas no início as pessoas ficaram reticentes em usar o serviço. A razão? Elas reclamaram da possível conexão com a gigante de pesquisas. Havia um reconhecimento cada vez maior do poder dos dados do usuário e das migalhas que oferecemos

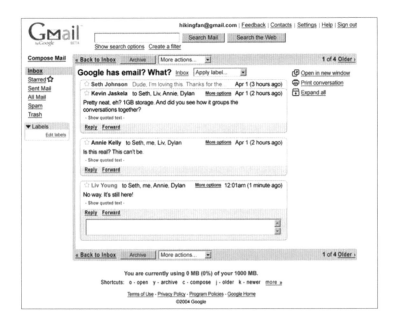

Uma versão antiga do Gmail.

a gigantes da tecnologia como o Google. Permitir que a empresa espiasse o conteúdo de nossos e-mails, juntamente com o volume de pesquisas na web (dados), parecia um passo longe demais para alguns.
Mal sabíamos então o que viria pela frente.

> ### O Google Tira a Torre Eiffel do Ar
> De vez em quando, acontece alguma coisa que demonstra a força da internet e seu poder de acessar a consciência coletiva. Geralmente envolve uma colisão rápida e incômoda entre o mundo real e o online. E em março de 2015, para marcar o 126º aniversário do grande triunfo de Gustave Eiffel, aconteceu um desses exemplos do poder da internet.
> A princípio, parecia algo relativamente inofensivo. O Google, como vinha fazendo havia anos, decidiu dedicar o "Google doodle" — o desenho que se vê acima da barra de pesquisa no lugar da logomarca — ao marco parisiense.
> A logomarca foi trocada por uma arte da designer e ilustradora francesa Floriane Marchix, que, se clicada, levava o internauta ao site oficial da Torre Eiffel.
> Só houve um problema. O Google é usado por bilhões de pessoas todos os dias e, para muitos, é a primeira página da internet. A curiosidade fez com que zilhões de usuários clicassem no doodle, o que direcionou tamanho volume de tráfego para o site da Torre Eiffel, que, sob a pressão, travou. Foi um ataque acidental de negação de serviço distribuído (DDoS), do tipo que os hackers usam para intimidar propositalmente os proprietários de sites.
> Foi um presente de aniversário e tanto para a torre.

A Primeira Grande Plataforma Social

Ao final da década de 1990, no mundo dos exploradores da web conectados à internet e versados em administração, não havia tópico mais badalado do que o Manifesto Cluetrain.* Em uma seleção de 95 teses a respeito das mudanças

---

* Publicado inicialmente na web em 1999, o manifesto de autoria de Rick Levine, Christopher Locke, Doc Searls e David Weinberger, ganhou versão em livro no ano seguinte. Em 2015 o manifesto foi revisitado por dois dos autores originais, que atualizaram as previsões (agora são 121) para os próximos anos. O site original ainda está ativo e tem versão em português: www.cluetrain.com/portuguese/index.html. (N.T.)

que o marketing sofreria com a internet, os autores afirmaram: "A internet está permitindo que seres humanos tenham conversas que simplesmente não eram possíveis na era dos meios de comunicação de massa."

Eles estavam certos, é claro — mas também atrasados. Os frequentadores dos BBSs e grupos da Usenet vinham conversando havia décadas. Até a ideia das redes sociais já era velha: o Six Degrees foi criado em 1997 pelo advogado Andrew Weinreich e é considerado por muitos a primeira plataforma de rede social. A proposta do serviço, baseado na teoria dos seis graus de separação, era que as pessoas se conectassem a desconhecidos e formassem laços de amizade. Os usuários podiam criar/configurar um perfil para mostrar seus seis graus de separação dos demais, postando listas de amigos e familiares que poderiam ser examinadas por outros usuários (a pessoa também poderia postar em quadros de avisos controlados por suas três principais conexões). No auge, o Six Degrees contava com 3,5 milhões de usuários e foi vendido em 1999 por 125 milhões de dólares, mas acabaria se tornando uma vítima do *boom and bust* das pontocom.

Como bom advogado e percebendo que tinha algo especial em mãos, Weinreich apresentou um pedido de patente assim que o Six Degrees foi lançado, como forma de desenvolvimento de uma rede social. O processo de aprovação levaria quatro anos e foi concluído em 16 de janeiro de 2001.

Mas só porque Weinreich patenteou a ideia de como desenvolver uma rede social não significava que outros não tentariam. Um que se aventurou na web em 1º de agosto de 2003 foi o MySpace. O site foi desenvolvido por

A página inicial do Six Degrees.

CAPÍTULO TRÊS: WEB 2.0

funcionários de uma empresa de marketing de Los Angeles e se tornou popular por causa do marketing inteligente. Os primeiros usuários famosos incluíam vários artistas da música, como a banda Arctic Monkeys, que buscavam construir comunidades leais de fãs estando presentes no site.

A pessoa por trás de toda essa operação era um sujeito, digamos, inevitável, chamado Tom Anderson. Quem se inscrevesse no MySpace tinha que selecionar os oito melhores amigos para exibir na página de perfil pessoal (que poderia ser personalizada para ter uma aparência específica e incorporar as músicas favoritas da pessoa). Mas Anderson nunca quis que os usuários se sentissem solitários: assim que criassem uma conta, o primeiro amigo seria ele.

Tom, como era conhecido pelos usuários, acabou ficando, claro, bastante popular. O MySpace se tornou a primeira plataforma de mídia social a atingir 1 milhão de usuários ativos mensais em 2004. A popularidade se deveu em parte ao erro de outro concorrente na moderação de conteúdo.

Tila Tequila

Em 2003, Tila Tequila tinha 20 e poucos anos e era uma sensação no concorrente do MySpace, o Friendster. A razão? Ela era atraente, engraçada e disposta a postar fotos picantes (de si mesma) em seu perfil. Tila foi decretada uma das primeiras celebridades online genuínas, com pessoas aos montes — geralmente homens heterossexuais — visitando o perfil para cobiçá-la. Só havia um problema: o Friendster não gostou das imagens que ela postou. Depois da quinta vez que o perfil no Friendster foi excluído, fazendo com que ela tivesse que reconstruir a comunidade de fãs, Tila Tequila perdeu a paciência.
Ela trouxe seus mais de 40 mil seguidores para o MySpace, e o site prosperou. Ele seria comprado um ano depois pela News Corporation, braço de mídia de Rupert Murdoch, por 580 milhões de dólares. Mas a entrada de Murdoch no mundo das redes sociais foi um erro que custou caro: o MySpace estava em declínio por causa de outra plataforma concorrente em ascensão.

A Ascensão do Facebook

O nome "Facebook" tem agora uma fortíssima ligação com a noção de compartilhamento excessivo, atualizações tediosas do cotidiano e provavelmente uma quantidade doentia de mensagens ou likes de um familiar idoso. Mas, em setembro de 2001, para Mark Zuckerberg, o "Facebook" era outra coisa.

Na época, o adolescente estava estudando num internato em New Hampshire e era obcecado por programação de computadores. Na Phillips Exeter Academy, onde o empreendedor estudou, o Facebook era uma lista com nome, foto, endereço e número de telefone de cada aluno. O Facebook era uma instituição, mas não estava online. No entanto, um colega de escola, Kristopher Tillery, queria mudar isso. Ele subiu o Facebook para a internet, permitindo que qualquer aluno acessasse os dados de outro com um clique do mouse.

Foi um momento que Mark Zuckerberg, então com 17 anos, jamais esqueceria. Avançando dois anos para 2003, Zuckerberg estava agora estudando na Universidade de Harvard. Queria criar o que considerava um site divertido para seus amigos do sexo masculino avaliarem as colegas de turma. O site que Zuckerberg produziu, FaceMash, dividiu opiniões. Quem avaliava adorou e achou o site hilário e uma distração divertida. Quem era avaliado ficou menos entusiasmado, o que é totalmente compreensível.

Vários grupos de estudantes reclamaram com Zuckerberg e com a universidade, que resolveu investigar o FaceMash. O site, que atraiu 450 pessoas para votarem 22 mil vezes em fotos das colegas de turma, foi fechado em dois dias.

Zuckerberg tentou, sem sucesso, minimizar as críticas alegando que o site era pouco mais do que um exercício de programação que havia saído do controle. Ele nunca esperou que se tornasse popular. "Não era assim que eu pretendia que as coisas acontecessem e peço desculpas por qualquer dano causado como resultado de minha negligência em considerar a rapidez com que o site se espalharia e suas consequências posteriores", escreveu ele à Fuerza Latina e à Associação das Negras de Harvard, dois grupos estudantis que protestaram contra o FaceMash.

Ainda hoje permanecem dúvidas em relação à seriedade da contrição de Zuckerberg — dúvidas que se tornam ainda mais pertinentes pelo fato de ele rapidamente ter forçado três colegas estudantes, Eduardo Saverin, Dustin

CAPÍTULO TRÊS: WEB 2.0

Moskovitz e Chris Hughes, a construir uma nova versão do site focada em redes sociais que aprendeu com o melhor (e o pior) do FaceMash. O site foi lançado em fevereiro de 2004. O nome dele? The Facebook. Zuckerberg registrou a URL naquele mês de janeiro. No início, o site era limitado apenas a estudantes da Universidade de Harvard. A exclusividade e a novidade fizeram com que crescesse rapidamente.

The Facebook também abriu um precedente incomum: as pessoas estavam dispostas a compartilhar seus dados em massa com o site. A facilidade e a falta de pudor com que as pessoas forneceram de bom grado seus nomes verdadeiros (e completos), fotografias, data de nascimento, status de relacionamento, interesses pessoais e inclusive a agenda com os horários das aulas ao The Facebook intrigou até mesmo o fundador do site. Em um bate-papo online com um amigo, Zuckerberg se mostrou perplexo:

Zuckerberg: Tenho mais de 4.000 e-mails, fotos, endereços, perfis de redes sociais

Amigo: O quê!? Como você conseguiu isso?

Zuckerberg: As pessoas simplesmente enviaram

Zuckerberg: Não sei por que

Zuckerberg: Eles "confiam em mim"

Zuckerberg: Burros pra caralho

Em junho de 2004, The Facebook já havia se expandido para além de Harvard e registrava 250 mil usuários em 34 universidades diferentes. Peter Thiel, cofundador do PayPal, investiu 500 mil dólares na empresa em agosto. No final de 2004, o número de usuários já era de 1 milhão. O usuário médio se conectava quatro vezes por dia. Esses números começaram a interessar outros investidores: em janeiro de 2005, o *Washington Post* se ofereceu para comprar uma participação na empresa; Zuckerberg ponderou e depois recusou.

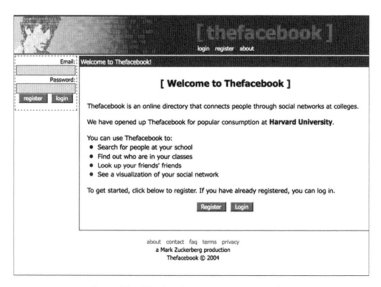

Como The Facebook era nos primeiros dias.

O venerável jornal estava longe de ser o único a cortejar a empresa, que se renomeou simplesmente como Facebook em 2005. No final daquele ano, o site tinha se expandido para fora dos Estados Unidos, para universidades e escolas (ensino médio apenas), elevando a base para 6 milhões de usuários ativos mensais. Em 2006, o site foi aberto a maiores de 13 anos, política que permanece até hoje. Zuckerberg recusou uma oferta em 2006 do Yahoo!, o enorme gigante da Web 1.0, para comprar a empresa por 1 bilhão de dólares.

Essa provou ser uma decisão inteligente. Atualmente (2024), a Meta, empresa que controla o Facebook, vale 1,2 trilhão de dólares.

O Feed de Notícias

Uma das estratégias usadas pelo Facebook para capitalizar sua popularidade e fazer com que os usuários voltassem com frequência para mais, sempre mais, foi uma mudança fundamental efetuada em 5 de setembro de 2006. Até então, os usuários tinham que procurar proativamente informações a respeito dos amigos e conexões visitando seus perfis. Era o equivalente a ir até a casa deles, bater na porta e ser convidado a entrar para colocar o papo em dia.

CAPÍTULO TRÊS: WEB 2.0

Mas isso mudou com o lançamento do Feed de Notícias. Foi a grande ideia de Zuckerberg para manter os usuários engajados: o Feed de Notícias forneceria um fluxo interminável de informações para a pessoa, em vez de ela ter que procurá-las. O sistema enviava atualizações a respeito dos amigos — mudanças no status de relacionamento, atualizações de perfis ou novas fotos que eles postavam ou nas quais foram marcados — em vez de fazer a pessoa arrastar para baixo a fim de ver.

Zuckerberg, e a empresa em geral, não disseram aos usuários que o que seria a mudança mais significativa na forma como o Facebook funcionava ocorreria naquele dia de setembro de 2006. Em vez disso, as pessoas foram migradas para o novo sistema automaticamente. Elas viram uma breve descrição do que era o Feed de Notícias e deviam clicar em um botão. Não eram opções "Sim, eu quero" ou "Não, eu não quero". Era simplesmente um botão que dizia "Awesome" ("Incrível").

Os usuários odiaram. Sete em cada 100 usuários se inscreveram em um único grupo do Facebook criado para se opor à mudança. Especialmente preocupante para os usuários foi o fato de que a informação que antes pensavam ser relativamente privada — dentro das "muralhas" do próprio feudo da internet — estava agora sendo transmitida para qualquer pessoa com quem tivessem uma conexão. Dentro de 24 horas, Zuckerberg apresentou um pedido de desculpas no melhor estilo *foi sem querer querendo*. Intitulada "Calma. Respire. Ouvimos Você", a declaração procurou tranquilizar os usuários de que, na verdade, nada havia mudado nas configurações de privacidade dos usuários.

O comunicado, sem demonstrar arrependimento, lamentava que as pessoas tivessem se sentido injustiçadas, mas informou que, em última análise, a empresa sabia o que estava fazendo e não mudaria de rumo. Foi uma mensagem que seria repetida várias vezes no decorrer dos anos. (Um dos exemplos mais recentes foi quando os usuários se opuseram veementemente às mudanças que diluíram o apelo do aplicativo de compartilhamento de fotos Instagram, a essa altura já propriedade da Meta, ao adicionar vários recursos de vídeos curtos. O manda-chuva do Instagram divulgou um vídeo dizendo que ele sabia que as pessoas estavam com raiva, mas a empresa estava certa em mudar.)

A API do Facebook e do Farmville

No mesmo ano em que o Facebook lançou o Feed de Notícias, que mudaria a maneira como consumimos conteúdo, a empresa também fez uma grande jogada para controlar a maneira como interagimos não apenas com o site em si, mas com a internet em geral.

As interfaces de programação de aplicativos, ou APIs em inglês, surgiram na mesma época em que a internet foi desenvolvida: o termo foi cunhado em um artigo acadêmico de 1968 chamado "Estruturas de dados e técnicas para computação gráfica remota" e foi expandido para a era da internet em 2000 pelo cientista da computação Roy Fielding. Fielding escreveu uma dissertação que apresentava uma forma de arquitetar software que padronizaria a forma como a web funcionava, facilitando a interação de diferentes serviços entre si. É um código que permite que dois programas de software se comuniquem entre si.

As APIs são as sinapses da internet, que conectam a forma como elementos diferentes funcionam juntos. No caso do Facebook, a API foi projetada como uma espécie de apropriação de terras — tornando mais fácil para os milhões de usuários da rede social associarem as contas a serviços de terceiros e para que serviços de terceiros apareçam no Facebook com o mínimo de atrito possível. Resumindo: APIs conectam soluções e serviços.

Os desenvolvedores de software poderiam, usando a API do Facebook, criar software que os usuários pudessem acessar por meio do Facebook. Em troca, esses desenvolvedores obteriam conhecimentos a respeito dos usuários pegando carona nos dados que eles mantinham na rede social. Era possível saber, por exemplo, a quais grupos pertencia a pessoa que utilizou o serviço acessado por meio da API do Facebook ou de quem essa pessoa era amigo dentro da plataforma.

As APIs vinham sendo usadas por outras empresas, incluindo o site de compartilhamento de fotos Flickr, a plataforma de leilões online eBay e a loja que vende de tudo, a Amazon, durante anos. O Twitter, visto naquele momento como um dos principais concorrentes do Facebook, lançou a própria API juntamente com a do Facebook em 2006, tal como o Google, utilizando o volume de informações que armazenava a respeito dos usuários. Mas foi o Facebook que abriu o caminho.

Em novembro de 2007, haviam sido desenvolvidos mais de 7 mil aplicativos que residiam no Facebook e usavam a API do Facebook, e outros 100 eram adicionados todos os dias. Eles incluíam questionários e jogos, alguns

CAPÍTULO TRÊS: WEB 2.0

dos quais foram concebidos para serem úteis e outros para serem pouco mais do que uma mera distração.

Um dos aplicativos na segunda coluna foi o Farmville, um jogo criado pela desenvolvedora Zynga, de San Mateo, lançado no Facebook em junho de 2009. Os jogadores eram incentivados a cuidar de plantações, ganhando experiência e pontos que poderiam ser usados para construir mais máquinas. Eles poderiam visitar fazendas vizinhas — de propriedade dos amigos de Facebook, utilizando a API do Facebook — para ajudá-los a arar seus campos a fim de obter mais créditos.

No auge, em março de 2010, 34,5 milhões de pessoas jogavam Farmville todos os dias (cerca de um em cada 12 usuários ativos do Facebook). Cuidar de representações digitais de colheitas virou um fenômeno — um fenômeno possibilitado pelas APIs.

O Facebook abriria o capital em fevereiro de 2012, angariando 16 bilhões de dólares daqueles que queriam adquirir ações e, consequentemente, gerando uma capitalização de mercado de 102,4 bilhões de dólares — quase 54 vezes maior do que o valor de mercado do Google quando abriu o capital em 2004.

CAMBRIDGE ANALYTICA

No entanto, as APIs causaram um problema para o Facebook em outra situação e em outra época, e ameaçaram tanto a existência como a reputação da empresa de capital aberto.

Um ano depois de o Facebook ter sido negociado no mercado de ações e quando estava em alta, em 2013, um cientista de dados chamado Aleksandr Kogan utilizou a API do Facebook para lançar This Is Your Digital Life. Como muitos dos aplicativos criados em torno da API do Facebook, This Is Your Digital Life era um questionário que prometia, com poucas evidências, mergulhar na psique da pessoa e dizer como ela era. Os usuários responderam a perguntas que traçavam um perfil psicológico.

Ao contrário de muitos aplicativos desenvolvidos em torno da API do Facebook, os usuários do This Is Your Digital Life não abriram mão dessas informações de graça. Cerca de 300 mil pessoas foram pagas para instalar o aplicativo em suas páginas do Facebook e fazer o teste, dando à empresa de Kogan um valiosíssimo conhecimento a respeito de suas vidas. Eles foram

Uma Série de Revelações

Obviamente, o escândalo Cambridge Analytica prejudicou a reputação do Facebook. Mas não foi a primeira vez que a Big Tech enfrentou críticas. Em junho de 2013, o *Guardian* e o *Washington Post* publicaram uma série de reportagens baseadas em documentos vazados de uma apresentação de 41 slides de PowerPoint publicados por Edward Snowden, um ex-funcionário terceirizado da Agência de Segurança Nacional (NSA, na sigla em inglês). As revelações descobertas por Snowden mostraram que os Estados Unidos reuniram informações em massa de empresas de tecnologia, incluindo Microsoft, YouTube, Apple, Skype e AOL, por meio de um esquema chamado PRISM, que permitiu às agências de segurança ter acesso aos dados de usuários através de *backdoors** especialmente projetadas para permitir que espiões bisbilhotassem o tráfego da internet que passava pelos servidores daqueles serviços. Isso derrubou a ideia de que a pessoa poderia usar os principais serviços baseados na web sem que os dados fossem espionados pelas autoridades — e deu origem ao movimento de ferramentas que prometiam criptografia de ponta a ponta, como o Signal.

Isso resolveu os problemas levantados pelo PRISM, mas as revelações de Snowden também incluíram escutas telefônicas em cabos submarinos de comunicações da internet — intrusões físicas no cabeamento para desviar dados, que são mais difíceis de evitar. Pouco depois da publicação da existência do PRISM, a fonte por trás dos documentos — Snowden —

informados de que era um questionário acadêmico que usaria os dados somente para pesquisas acadêmicas.

No entanto, a empresa não coletou dados apenas desses 300 mil usuários. Além de traçar perfis psicológicos detalhados desses usuários pagos, o aplicativo de Kogan também extraiu dados pessoais de qualquer indivíduo conectado a quem respondeu à pesquisa. Na verdade, os dados de 87 milhões de pessoas foram coletados no processo. É importante ressaltar que, na época, não era ilegal, segundo os termos e condições do Facebook, coletar dados dos amigos de um usuário no Facebook sem permissão — uma brecha que o Facebook fechou em 2014.

---

* Literalmente "porta dos fundos", uma *backdoor* é um ponto de acesso embutido em um programa, sistema ou rede, que tanto pode ser legítimo (para administração remota) ou uma falha explorada para acesso criminoso. (N. T.)

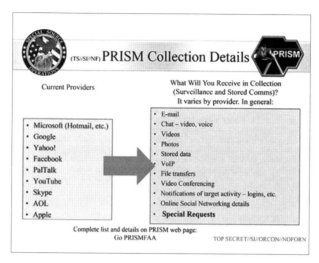

Os slides descobertos por Edward Snowden revelando o programa PRISM foram uma revelação bombástica.

se revelou numa entrevista à imprensa. O passaporte americano de Snowden foi cancelado enquanto ele estava no aeroporto Sheremetyevo, em Moscou, e o informante permanece asilado na Rússia com sua família e lá deve ficar para sempre.

Embora os dados não tenham sido obtidos de uma pesquisa de maneira proativa e, portanto, não fossem tão detalhados, ainda assim eram bastante específicos. Na época, o Facebook permitia que o usuário expressasse interesses a respeito de tudo, desde queijos até programas de TV e filmes favoritos, bem como se juntasse a grupos de pessoas com ideias semelhantes a respeito de questões sociais e políticas.

Foi esse nível de conhecimento que intrigou Kogan e outros que identificaram o potencial do direcionamento de anúncios no Facebook.

O Facebook montou um serviço enorme de anúncios ao prometer entregar mensagens de marcas (propaganda) aos usuários com um nível incrível de detalhamento. Uma grife queria atingir precisa e especificamente uma divorciada de meia-idade? Era possível no Facebook. Os políticos rapidamente perceberam que não apenas as empresas poderiam se beneficiar: eles também poderiam. E muito!

A Cambridge Analytica, uma empresa de consultoria, trabalhou com Kogan e com os dados que ele coletou. Eles começaram a divulgar o conjunto de dados para empresas, dizendo que eram um suplemento útil ao direcionamento de anúncios do Facebook para identificar o que as pessoas queriam e com o que se preocupavam. A Cambridge Analytica afirmou ter cerca de 5 mil pontos de dados a respeito de cada uma das centenas de milhares de pessoas que usaram This Is Your Digital Life. Esse nível de detalhe era uma mina de ouro para os políticos que procuravam agradar o eleitorado.

A empresa acabou apoiando Ted Cruz e Donald Trump nas campanhas presidenciais de 2016 — a de Trump foi, claro, bem-sucedida.

Em março de 2018, foram publicadas reportagens no *Observer* e no *New York Times* a respeito do direcionamento proposital de propaganda aos usuários visando ganhos políticos com base em seus perfis psicométricos. Isso se deveu a um informante chamado Christopher Wylie, que trabalhava para a Cambridge Analytica, mas ficou desiludido com o que a empresa tinha feito ao supostamente ajudar a influenciar o resultado das eleições presidenciais dos Estados Unidos em 2016. As pessoas no mundo inteiro ficaram chocadas com o poder do Facebook de saber o que as preocupava — e como a rede social poderia, teoricamente, influenciar seus interesses na vida real.

A empresa perdeu 10% do valor ao ser abandonada pelas corretoras de ações. Os executivos do Facebook, incluindo Mark Zuckerberg, foram levados a comissões de inquéritos para se explicarem. "Temos trabalhado para entender exatamente o que aconteceu com a Cambridge Analytica e tomar medidas para garantir que isso não aconteça novamente", disse Zuckerberg em uma reunião do Senado americano em abril de 2018. Mas mesmo que isso jamais tivesse acontecido, o estrago estava feito: o Facebook e a Cambridge Analytica estavam eternamente entrelaçados na infâmia. Uma pesquisa realizada pelo Factual Democracy Project em março de 2018 revelou que apenas um em cada quatro americanos tinha uma opinião favorável a respeito de Mark Zuckerberg após o escândalo.

Virando a Meta

Embora possa ser tentador enxergar a alteração da marca do Facebook para Meta em outubro de 2021 como uma tentativa de se esquivar do escândalo da Cambridge Analytica, esse está longe de ser o principal motivo para a empresa ter decidido mudar de nome.

Mark Zuckerberg sempre pensou na empresa como mais do que uma simples rede social. Ele acreditava que ela poderia ser uma potência tecnológica, parte integrante de nossa vida de várias maneiras diferentes. Na verdade, Zuckerberg achou que poderia fornecer algumas das infraestruturas essenciais que estabeleceriam o futuro da nossa vida digital, semelhante ao modo como os primeiros inventores da web e da internet ajudaram a moldar a forma como vivemos a vida hoje em dia.

Zuckerberg acreditava que, com o surgimento de hardware tecnológico melhor e mais poderoso e conexões de internet mais rápidas e com menos atrasos, nós gostaríamos de viver mais partes de nossa existência digitalmente. E a pandemia de coronavírus, que começou em 2020 e fez com que boa parcela do mundo e a nossa vida migrassem para o ambiente online de forma relativamente fluida, sugeriu que Zuckerberg não estaria perdendo tempo se nos ajudasse a fazer isso.

Zuckerberg previu uma integração mais intensa ao mundo digital após a pandemia e estava disposto a apostar parte da fortuna e da reputação da empresa nisso. Achou que tinha previsto o futuro e queria fincar a bandeira do Facebook neste novo cenário digital. Mas não considerou que o nome do Facebook combinasse.

Então, em outubro de 2021, ele expôs sua visão para o futuro. A empresa Facebook se tornaria Meta, que continuaria a gerenciar seu conjunto de aplicativos e plataformas, mas também saltaria de cabeça no desenvolvimento do metaverso, que exploraremos mais no Capítulo 6. O metaverso seria um lugar onde viveríamos, trabalharíamos e nos divertiríamos, e o CEO do Facebook tinha tanta certeza de que adoraríamos isso que foi capaz de rebatizar a empresa inteira para demonstrar. Nasceu assim a Meta.

INSTAGRAM

Além de representar melhor os objetivos de Mark Zuckerberg de desenvolver o metaverso, a mudança do nome de Facebook para Meta representou melhor a escala da empresa. Isso porque, durante quase uma década, o Facebook não era apenas o Facebook sozinho.

Hoje, a empresa conhecida como Meta declara publicamente sua base de usuários na "família de aplicativos Meta". O Facebook, o site e aplicativo original, tem 2 bilhões de usuários que se conectam todos os dias e quase 3 bilhões todos os meses. Mas a família de aplicativos pode se vangloriar de possuir 3 bilhões de usuários ativos diariamente e 3,74 bilhões que usam os aplicativos todos os meses.

Dois outros aplicativos importantes ajudam a aumentar o número de usuários da Meta: WhatsApp e Instagram.

O Instagram, o aplicativo de compartilhamento de fotos fundado em 2010 por Kevin Systrom e Mike Krieger, foi incorporado à família de aplicativos Meta por meio de uma aquisição por 1 bilhão de dólares em abril de 2012. O negócio inicialmente parecia uma tentativa de misturar água e óleo: o Facebook, então com 8 anos de idade, estava começando a perder um pouco do brilho à medida que seu público envelhecia. Não era mais o aplicativo universitário descolado adorado por estudantes que compartilhavam fofocas. Em vez disso, estava se tornando um lugar onde tios e tias pagavam mico compartilhando demais a respeito da própria vida.

O Instagram, por outro lado, era a novidade descolada. Foi desenvolvido inicialmente por Systrom, um ex-funcionário do Google, como um aplicativo chamado Burbn, onde os usuários podiam fazer *check-in* em bares e postar fotos do que estavam bebendo. Ele rapidamente mudou de nome e conceito — mas manteve as imagens como algo central — e virou o Instagram, que uniu a ideia de tirar fotos com uma câmera instantânea e enviá-las ao mundo por meio de telegramas.

Krieger postou a primeira foto no Instagram em 16 de julho de 2010, no Pier 38 do porto de South Beach, em São Francisco. Quatro horas depois, Systrom postou sua primeira foto — a segunda do aplicativo. Como não podia deixar de ser em se tratando da internet, era a foto de um cachorro. O aplicativo passou por meses de testes beta antes de ser lançado oficialmente na loja de apps da Apple em outubro de 2010. No Natal, já tinha 1 milhão de usuários. Um ano depois, tinha 10 milhões.

Demorou uma semana até a aquisição pelo Facebook, em abril de 2012, para que o Instagram ganhasse uma versão para Android, mas isso não foi problema para o Instagram, que curtia sua aura de exclusividade e sofisticação. Ao comprar seu mais novo brinquedo, Zuckerberg prometeu se divertir direitinho com ele, dizendo que estava "comprometido em construir e desenvolver o Instagram de forma independente".

Isso foi importante para os cofundadores do Instagram, que queriam manter o aplicativo singular. Mas, infelizmente, a promessa não se cumpriria. O Instagram passou a ter anúncios em novembro de 2013, pouco mais de 18 meses após ter sido comprado pelo Facebook. O app foi redesenhado alguns anos depois. Os usuários foram incentivados a vincular suas contas do Facebook, Instagram e WhatsApp. Em setembro de 2018, os dois cofundadores do Instagram foram embora. As declarações de despedida não criticaram abertamente o Facebook ou a influência sufocante de Zuckerberg, mas era possível ler nas entrelinhas. Systrom e Krieger estavam "planejando tirar uma folga para explorar novamente nossa curiosidade e criatividade".

WHATSAPP

A compra do WhatsApp pelo Facebook se baseou menos na intuição de que uma geração estava deixando Zuckerberg para trás e mais em dados concretos — obtidos de mais uma empresa dentro do conjunto de aquisições do Facebook. Em outubro de 2013, a empresa israelense de análise de smartphones Onavo foi a mais recente a se juntar à família Facebook. Ela ficava em silêncio dentro dos telefones e monitorava como, quando, onde… os usuários abriam e permaneciam nos aplicativos.

A Onavo foi vendida por cerca de 115 milhões de dólares, e a liderança da empresa se juntou ao Facebook. Em poucas semanas, Zuckerberg estava solicitando dados da Onavo a respeito da interação dos usuários com o WhatsApp.

O WhatsApp foi lançado no início de 2009 por dois ex-funcionários do Yahoo!, Brian Acton e Jan Koum. Inicialmentte, o app era uma forma rápida de saber mais coisas a respeito das pessoas na agenda de endereços do smartphone. Os usuários podiam atualizar o status para dizer se estavam na academia ou tomando um café. Tudo isso mudou em junho de 2009, quando a Apple lançou as notificações *push*,* que informam de maneira proativa aos

---

* Forma de notificação não solicitada que o sistema operacional envia para o aparelho mesmo que ele esteja fora de uso, pulando na tela de abertura na forma de banner, como a chegada de seu Uber, por exemplo. (N. T.)

usuários a respeito de alterações nos aplicativos que possuem nos telefones.

Koum percebeu rapidamente que essas notificações poderiam ser usadas para desenvolver uma alternativa gratuita — e baseada em aplicativo — ao SMS. O novo WhatsApp foi lançado em agosto de 2009, e o número de usuários se expandiu rapidamente para 250 milhões.

No final de 2013, o WhatsApp já era enorme. Era o maior aplicativo de mensagens do mundo, superando o Messenger do Facebook. Os 400 milhões de usuários do WhatsApp enviavam 12,2 bilhões de mensagens por dia, segundo dados da Onavo — meio bilhão a mais do que no Facebook.

Zuckerberg queria participar desse sucesso. Em fevereiro de 2014, o Facebook anunciou que estava comprando a empresa — por astronômicos 19 bilhões de dólares. Assim como Systrom e Krieger do Instagram, Acton e Koum do WhatsApp também acabariam saindo do Facebook, devido a uma disputa envolvendo o desejo do Facebook de usar dados do WhatsApp para promover publicidade direcionada aos usuários. Em 2017, Acton foi embora da empresa e mais tarde twittou que as pessoas deveriam "#deletefacebook"* quando estourou o escândalo da Cambridge Analytica.

Koum durou um pouco mais, até 2018. Ao sair da empresa que havia cofundado, deu uma entrevista aos repórteres resumindo como foram seus últimos anos por lá. "Eu vendi a privacidade dos meus usuários", disse Acton. "Fiz uma escolha e uma concessão. E convivo com isso todos os dias."

Twitter

Se o Facebook era a festa digital onde todos nós nos reuníamos, logo o Twitter, como identificou seu atual proprietário, Elon Musk, é a "praça pública de fato" da internet.

Mas esse canto vital da história da web não corresponde ao início humilde que teve. O Twitter começou como um projeto paralelo para preencher o tempo livre de um inquieto engenheiro.

Em 2005, Jack Dorsey trabalhava para a Odeo, uma empresa de podcasts fundada um ano antes por dois ex-funcionários do Google, Ev Williams e Biz Stone, bem como por um terceiro cofundador, Noah Glass. Odeo era uma

---

* Deletar/apagar o Facebook. (N. T.)

CAPÍTULO TRÊS: WEB 2.0

ferramenta que os podcasters podiam utilizar para criar e publicar podcasts, enquanto ouvintes podiam usá-la para procurá-los. Havia apenas um problema com o Odeo: ele estava prestes a ser reduzido a pó por uma força descomunal.

A Apple anunciou em 2005 que iria integrar podcasts ao iTunes, seu software de busca e reprodução de músicas. Para a Odeo, isso foi o equivalente a uma hamburgueria familiar descobrir que está abrindo um McDonald's na esquina. A administração da Odeo sabia que o tempo havia acabado e procurou mudar os rumos da empresa. Eles perguntaram à equipe se os funcionários estavam trabalhando em algum projeto paralelo que pudesse salvá-los.

Jack Dorsey se manifestou: ele estava brincando com um serviço de mensagens curtas onde a pessoa poderia postar atualizações para amigos por meio de mensagens de texto. Foi genial e antecedeu o que se tornaria uma parte vital do arsenal de autopromoção de qualquer usuário do Facebook um ano depois: a atualização de status do Facebook. Devido às limitações das mensagens de texto, os textos poderiam ser de no máximo 140 caracteres.

A equipe da Odeo gostou; Glass sugeriu chamá-lo de Twttr em homenagem ao som que os pássaros fazem quando conversam entre si. (Em meados da década de 2000, a remoção de vogais irrelevantes de nomes de marcas de empresas de tecnologia estava em voga. *Thnk gd tht stppd.**)

O Twttr foi lançado em 21 de março de 2006, quando Dorsey postou a primeira mensagem na plataforma: **configurando o meu twttr**.

Os cofundadores da Odeo, à exceção de Glass, compraram a Odeo e acabaram criando uma empresa independente chamada Twitter em abril de 2007. Àquela altura, a ferramenta havia se tornado a nova sensação entre os entusiastas de tecnologia, graças ao uso do Twitter ter sido incentivado na edição daquele ano do festival South by Southwest,** realizado em março de 2007.

---

* "Graças a Deus isso parou". O autor fez uma brincadeira ao retirar as vogais de *thank God that stopped* que não faz sentido em português, pois usamos muito mais vogais que a língua inglesa. (N. T.)

** Misto de festival e conferências que serve de ponto de convergência para a indústria do cinema, da música e da tecnologia e acontece anualmente em Austin, no Texas, desde 1987. O nome é uma brincadeira com o título original de *Intriga Internacional*, de Alfred Hitchcock ("North by Northwest"). (N. T.)

Há um Avião no Rio Hudson

Chesley "Sully" Sullenberger tinha acumulado quase 20 mil horas de voo como piloto durante seus 29 anos de carreira. O dia 15 de janeiro de 2009 era somente mais um dia de trabalho para ele na US Airways. Sully deveria sair do aeroporto de LaGuardia, em Nova York, para Charlotte, na Carolina do Norte, e depois rumar para Seattle, em Washington, naquele dia, como uma das pernas do voo 1549.

Sully não chegou a ir tão longe assim. Pouco depois da decolagem, por volta das 15h25, a aeronave atingiu um bando de gansos canadenses. Emperradas pelos corpos dos pássaros, ambas as turbinas desligaram. Sully pediu socorro à torre de controle de tráfego aéreo de LaGuardia, que recomendou que ele retornasse. Mas o piloto rapidamente percebeu que isso não seria possível.

Assim sendo, Sully tentou o impossível: pousar com segurança no Rio Hudson, em Nova York. Por volta das 15h31, o avião havia descido com sucesso, flutuando lentamente até parar. Os passageiros usaram os escorregadores infláveis como botes salva-vidas. E alguém usou o smartphone para postar uma foto no Twitter.

O Twitter foi ideia de Jack Dorsey, que se tornou o primeiro CEO da plataforma. Em 2009, o número de usuários aumentou 1.300%, impulsionado em parte pelo apoio público inicial de Ashton Kutcher, um famoso ator de Hollywood. Kutcher se tornaria a primeira conta a ganhar um milhão de seguidores. Mas não foi apenas Hollywood que ajudou o Twitter a se tornar enorme. Nova York também contribuiu.

Últimas Notícias

A aterrissagem de Sully foi o primeiro exemplo de uso do Twitter como recurso de notícias de última hora. A imagem hospedada no Twitpic, uma ferramenta de terceiros, fez com que o Twitpic travasse conforme a foto se espalhava pelo Twitter. O site rapidamente se tornou conhecido como o lugar a se recorrer quando algo extraordinário acontecesse. Quando um terremoto

A fotografia do avião no Rio Hudson, postada no Twitter via Twitpic.

atingiu o Haiti em 2010, a notícia se espalhou pelo mundo — através do Twitter. E à medida que os cidadãos de todo o Oriente Médio e da África se mobilizavam em oposição aos governos autoritários em um movimento que rapidamente se tornaria conhecido como Primavera Árabe, eles espalharam a notícia da revolução, mais uma vez através do Twitter.

E o Twitter também marcou a morte de um dos piores terroristas do mundo. Nos anais da história do Twitter, houve muitos momentos memoráveis, mas poucos foram tão importantes quanto o tweet de Sohaib Athar, postado nas primeiras horas de 2 de maio de 2011. Athar, um engenheiro de software que morava em Abbottabad, no Paquistão, estava trabalhando no computador por volta de uma da manhã, quando ouviu o zumbido inconfundível das pás do rotor de um helicóptero.

Athar fez o que muitas pessoas fazem quando encontram alguma coisa fora do comum: twittou para o mundo afora. E ao fazer isso, documentou

A HISTÓRIA DA INTERNET PARA QUEM TEM PRESSA

um momento na história global que poucos esqueceriam. Foi a missão lançada pelos SEALs da Marinha dos EUA para capturar/matar Osama Bin Laden.

Na época, Athar não sabia disso, afinal, ele simplesmente postou: **Helicóptero pairando sobre Abbottabad à 1h (é um evento raro).**

Em seguida, vieram mensagens conforme ele ouvia uma série de estrondos. Mas o fato entraria para a história — e graças ao Twitter, Athar ocupou um lugar curioso nela.

O Twitter foi lançado como uma empresa de capital aberto em setembro de 2013, valendo 31 bilhões de dólares. Ele apresentou uma linha do tempo ditada por algoritmos em março de 2016 (anteriormente, os tweets eram apresentados em ordem cronológica). O site dobrou o tamanho máximo dos tweets de 140 caracteres para 280 em 2017. Os críticos temeram que isso fosse matar a alma do site, mas não aconteceu. Na verdade, o Twitter se tornou lucrativo pela primeira vez no quarto trimestre de 2017.

Àquela altura, 330 milhões de pessoas acessavam o Twitter todos os meses, e o site se tornou conhecido como a casa dos principais tomadores de decisão: os jornalistas conviviam digitalmente com políticos, autoridades e empresários. Incluindo Elon Musk.

Deixe a Ficha Cair: Elon Musk Compra o Twitter

Como vimos, o Twitter ajudou a levar Donald Trump à Casa Branca em 2016 e a espalhar as crenças da direita para o mundo inteiro. E, no entanto, aqueles mais propensos a apoiar Trump e compartilhar opiniões conservadoras muitas vezes se queixavam de que a plataforma era tendenciosa contra eles.

A situação piorou quando Trump foi banido do Twitter em janeiro de 2021, depois de usar a plataforma para tentar incitar uma revolução a fim de derrubar o legítimo vencedor das eleições presidenciais dos Estados Unidos em 2020, Joe Biden. Aqueles que apoiaram Trump acreditavam que a expulsão mostrava como o Twitter estava disposto a intervir para silenciar as vozes conservadoras.

Entre aqueles que se preocuparam com o impacto do suposto preconceito de esquerda do Twitter estava o CEO da Tesla e fundador da SpaceX, Elon Musk, um empreendedor sul-africano.

Em janeiro de 2022, Musk começou a comprar ações do Twitter e, com o passar do tempo, em abril, já possuía 9,1% da empresa. Foi no dia 14 de abril que Musk revelou sua participação e lançou uma oferta pública de aquisição hostil, dizendo que era necessário restaurar o equilíbrio da empresa para o bem da sociedade. Todo o projeto, disse ele, foi fundado com base no retorno da liberdade de expressão à plataforma.

O Twitter inicialmente lutou contra a aquisição antes de finalmente aceitá-la — assim que Musk decidiu que não queria comprar a plataforma, afinal de contas. No meio de 2022, Musk tentou desistir do negócio, e o Twitter levou o caso ao tribunal para obrigá-lo a prosseguir com a aquisição planejada de 44 bilhões de dólares. O caso nunca foi a julgamento; em 27 de outubro de 2022, Musk entrou na sede do Twitter em São Francisco, sorrindo para uma câmera que gravava sua entrada (mais tarde ele postaria o vídeo no Twitter) enquanto carregava uma pesada pia de cozinha nos braços.

A imagem era um trocadilho ruim.* Musk mais tarde twittou: **Entrando na sede do Twitter — deixe a ficha cair!** Um sinal para os adversários de que as coisas estavam prestes a mudar. Ele se instalou como CEO e demitiu a equipe executiva inteira.

As coisas mudaram mesmo — e mudaram rapidamente. Musk demitiu milhares de funcionários contratados e terceirizados do Twitter, o que resultou em uma redução da força de trabalho de 8 mil pessoas para menos de 2 mil. Entre os demitidos sem cerimônia estavam integrantes importantes das equipes de moderação de conteúdo e engenharia do Twitter.

A plataforma lutou para permanecer online enquanto Musk exigia novos recursos da equipe reduzida, que havia perdido séculos de conhecimento institucional coletivo a respeito do funcionamento da plataforma. Falhas, incluindo aquelas que dificultavam até mesmo a capacidade de twittar, atormentaram a plataforma no decorrer de 2023. Musk prometeu deixar o

---

* Em inglês, o nosso "cair a ficha" é a expressão "sink in", usada por Elon Musk no original (deixar alguma coisa ser compreendida, ser absorvida, ao "afundar" — *sink* — na mente). Só que *sink*, além de afundar (verbo), também significa pia de cozinha; daí o trocadilho ruim do bilionário. (N. T.)

cargo de CEO do Twitter — assim que encontrasse alguém que ele próprio disse ser "tolo o suficiente" para beber do cálice envenenado.

No momento em que este livro foi escrito, em meados de 2023, o passado do Twitter estava bem documentado. O presente está em terreno instável. E o futuro? Esse permanece desconhecido. Mas uma ameaça significativa ao futuro da plataforma é um aplicativo desenvolvido pela Meta. O Threads, lançado em julho de 2023, tem uma similaridade suspeita com o Twitter (agora rebatizado de X) — e conseguiu capturar 100 milhões de usuários do Twitter em uma semana, tornando-se o aplicativo de crescimento mais rápido de todos os tempos.

O Reddit É Lançado

Autodenominado "a primeira página da internet", o Reddit é hoje o 10º site mais visitado do mundo, com quase 5 bilhões de visitas todos os meses. Mas, em 2005, quando foi fundado, o Reddit foi a segunda opção desesperada de seus criadores depois que a primeira ideia fracassou.

Steve Huffman e Alexis Ohanian eram colegas de quarto de faculdade e se inscreveram, em 2005, no programa acelerador de startups Y Combinator com um projeto chamado My Mobile Menu. A dupla acreditava que o conceito poderia revolucionar a forma como pedimos comida, através do envio de pedidos por meio de mensagens de texto no celular. Mas isso não atraiu os investidores da Y Combinator.

Em vez disso, a dupla teve a ideia do Reddit: uma plataforma de agregação e discussão onde as pessoas compartilham e comentam links e outras postagens multimídia que coletam na internet. O site é dividido em subreddits, ou grupos de discussão, baseados em temas, com muitos dos mais populares cobrindo tópicos NSFW (Arriscado Para o Ambiente de Trabalho, em inglês), incluindo pornografia.

O princípio por trás do Reddit era muito mais concreto do que o My Mobile Menu. Era a internet condensada da pessoa inteligente — a primeira página de jornal que resumia o que a pessoa precisava saber a respeito do que estava acontecendo online todos os dias. Foi lançado em junho de 2005.

E novamente fracassou. Como Huffman e Ohanian acharam que o site parecia uma "cidade fantasma" devido à falta de usuários, eles criaram perfis falsos e enviaram links. Imediatamente, Huffman diria mais tarde, "isso fez o site parecer vivo".

CAPÍTULO TRÊS: WEB 2.0

Um *print screen* do Reddit mostrando o formato da conversa.

O que se mostrou um alívio: em outubro de 2006, o Reddit cresceu o suficiente a ponto de ser comprado pela Condé Nast Publications, a editora de revistas por trás da *WIRED* e da *GQ*, por mais de 10 milhões de dólares. Contudo, o site funciona não pelo investimento, mas sim pela comunidade. Moderadores do Reddit — voluntários que dedicam tempo para manter o site organizado e (relativamente) livre de abusos — realizam uma atividade coletiva de até 3,4 milhões de dólares em trabalho não remunerado a cada ano, de acordo com uma análise acadêmica, ou cerca de 4% da receita anual total do site. O Reddit nem sempre se deu bem com sua comunidade, e mais recentemente, no meio de 2023, a plataforma desencadeou um apagão de muitos subreddits populares que estavam insatisfeitos com as mudanças no site. Mas continua a ser um alicerce da experiência online.

O Skype É Lançado

Como muitos elementos da internet, a história de uma ferramenta fundamental que nos mantém conectados hoje tem origem na pirataria. Em 2000, o sueco Niklas Zennström e seu sócio dinamarquês Janus Friis, ambos

A HISTÓRIA DA INTERNET PARA QUEM TEM PRESSA

programadores, criaram o KaZaA, um programa de compartilhamento de arquivos *peer-to-peer* ao estilo do Napster. Zennström e Friis tinham grandes ambições para o KaZaA e queriam que a plataforma fosse um concorrente legítimo no nascente espaço de compartilhamento de arquivos. Mas, infelizmente, eles foram rapidamente invadidos por material ilícito que os levou ao tribunal. A dupla correu a penhorar a plataforma em 2001 para compradores com maior apetite por processos judiciais e usou o dinheiro para desenvolver outra plataforma — dessa vez focada na comunicação.

O Skype nasceu em agosto de 2003. Usava uma nova tecnologia chamada voz por protocolo de internet, ou VoIP em inglês, que essencialmente anulou a necessidade de telefones. Com o Skype, era possível ligar para qualquer pessoa no mundo usando a internet, por um preço muito mais baixo do que as chamadas internacionais, porque não era preciso usar a complicada teia de aranha de linhas telefônicas. Em outubro de 2003, o Skype já tinha 100 mil usuários simultâneos no serviço; um ano depois, esse número se tornou 1 milhão.

Isso chamou a atenção do gigante de leilões online eBay, que comprou a empresa em setembro de 2005 por até 4 bilhões de dólares (a depender do desempenho, que acabou decepcionando, fechando em 2,6 bilhões). Mesmo esse montante provou ser uma pechincha para o eBay: a Microsoft comprou deles o Skype em maio de 2011 por 8,5 bilhões de dólares. Em janeiro de 2012, o Skype era responsável por uma em cada quatro chamadas internacionais feitas em todo o mundo e, em junho daquele ano, 250 milhões de pessoas utilizavam o aplicativo todos os meses. O Skype mudou o mundo e lançou as bases para plataformas de videochamadas como o Zoom, que, devido aos *lockdowns* na pandemia, passamos a usar cotidianamente. Ele incorporou as duas promessas da internet: tornar o mundo menor e conectar as pessoas.

DISCORD

O Skype tem sido cada vez mais substituído por outras plataformas de nicho que se mostraram populares entre o público mais jovem. Se o Skype é a ferramenta de comunicação online de que seus pais provavelmente se lembram com carinho dos primeiros dias na internet, o Discord é provavelmente a ferramenta de comunicação que seus filhos usam.

CAPÍTULO TRÊS: WEB 2.0

113

Lançado em maio de 2015 por Jason Citron e Stanislav Vishnevskiy, dois veteranos da indústria de jogos, o Discord foi projetado como uma forma de *gamers* fervorosos manterem contato enquanto jogam videogame. Era difícil conseguir discutir táticas em jogos de equipe complicados como League of Legends, onde a pessoa trabalha ao lado de outros jogadores para tentar vencer um time adversário. Os aplicativos de bate-papo e comunicação existentes drenavam muitos recursos, o que tornava o jogo mais lento e agravava o problema das comunicações deficientes, aumentando a probabilidade de a equipe ser derrotada.

O Discord era "leve" — ou seja, não exigia grande poder de processamento de um computador —, embora fosse poderoso em termos de recursos. Em janeiro de 2016, o Discord arrecadou 20 milhões de dólares em investimentos. Quase três anos depois, outros 150 milhões de dólares, e a empresa passou a ter um valor de mercado de 2 bilhões de dólares. Em 2021, o Discord valia 15 bilhões de dólares e foi além do mundo dos jogos para se tornar uma plataforma de comunicação bem mais ampla. Ferramentas geradoras de IA como o Midjourney, que abordaremos no Capítulo 6, podem ser executadas no Discord, que tem uma base de usuários surpreendentemente ampla.

Incluindo Jack Teixeira, um integrante da Guarda Nacional de 21 anos de Massachusetts, que é acusado de vazar vários documentos confidenciais das forças armadas dos EUA para amigos no servidor Thug Shaker Central do final de 2022 ao início de 2023. (Comunidades do Discord se reúnem em servidores; alguns são abertos a todos, enquanto outros exigem que a pessoa receba um convite, como era o caso do Thug Shaker Central.) O servidor abrigava entre 20 e 30 adolescentes e jovens adultos que não perceberam a magnitude do que Teixeira, que usava o codinome "OG", estava fazendo. Embora os documentos tenham sido inicialmente compartilhados apenas entre aqueles usuários, eles rapidamente chegaram a outros servidores no Discord, que tem mais de 150 milhões de usuários. A partir daí, os documentos foram parar na internet de forma geral. E Jack Teixeira foi preso, acusado de supostas "remoção, retenção e transmissão não autorizada de informação confidencial que põe em risco a segurança da nossa nação". Em junho de 2023, Teixeira foi indiciado, mas se declarou inocente uma semana depois.

Vídeo Online

Hoje, o YouTube se tornou um exemplo quase onipresente de vídeos online.

Da mesma forma que muitas vezes descrevemos o ato de fotocopiar um documento como "xerocar" ou falamos "dar um google" para pesquisar/procurar um assunto na internet, ainda que não estejamos usando o mecanismo de pesquisa desenvolvido pelo Google, o mesmo acontece quando a pessoa pensa em consumir vídeo na internet: é quase certo que ela imagine o botão de reprodução vermelho e branco do YouTube.

Mas nem sempre foi assim.

Antes de existir o YouTube, houve uma série de concorrentes, muitos criados entre os anos de 2003 e 2005, que tiraram proveito do boom das conexões de alta velocidade que alguns dos usuários mais ricos e entusiastas em tecnologia começaram a contratar.

Um grupo de empreendedores israelenses se uniu para lançar o Metacafe em 2003. No final de 2004, o Vimeo criou uma plataforma para cineastas independentes, enquanto o Grouper reuniu vídeos, fotos e música numa única plataforma. O florescente mundo do vídeo online era uma coisa tão séria que chegou a realizar sua primeira conferência, chamada Vloggercon, cujos resquícios ainda estão armazenados no Internet Archive, a respeito do qual aprenderemos mais no Capítulo 5.

A Vloggercon aconteceu no quarto andar do número 721 da Broadway, em Nova York, sede do Programa de Telecomunicações Interativas da Universidade de Nova York, em 22 de janeiro de 2005. Foi um lugar para amadores munidos de câmeras de vídeo se reunirem e falarem a respeito do potencial do vídeo online — e, naquele pequeno nicho da internet, a notícia se espalhou rapidamente. "Nossa reunião íntima está se tornando um pequeno espetáculo", disse, antes do evento, Jay Dedman, um dos responsáveis pela Vloggercon.

De fato, sim. O vídeo online era um universo tão vivo e com tamanho potencial que o Google, que estava começando a se tornar uma grande fera no mundo da internet, decidiu entrar na briga apenas três dias após o início do Vloggercon.

O produto — o Google Video — parecia que venceria a corrida pela supremacia no mundo do vídeo online. A empresa por trás dele tinha recursos quase ilimitados e na época estava rapidamente se tornando sinônimo de tudo

CAPÍTULO TRÊS: WEB 2.0

que havia de mais legal na internet. Ela havia lançado o Gmail há um ano; seu mecanismo de pesquisa era de longe o mais popular do mundo. Era uma corrida impossível de o Google perder.

E perdeu. Para um jovem novato que o Google acabaria comprando, chamado YouTube.

EU NO ZOOLÓGICO: A HISTÓRIA DO YOUTUBE

O conceito por trás do YouTube foi pensado nos primeiros meses de 2005 por Chad Hurley (genro de Jim Clark, que montou uma série de start-ups do Vale do Silício, incluindo a Netscape, que, como aprendemos no Capítulo 2, desenvolveu um dos primeiros navegadores populares) e alguns amigos. Hurley começou a debater ideias com Jawed Karim, que trabalhava no Paypal, a empresa de pagamentos do início da internet, e com Steve Chen, colega de Karim.

A ideia era um site de compartilhamento de vídeos. Em 14 de fevereiro de 2005 (Dia dos Namorados nos Estados Unidos), o trio bolou um nome que consideraram ideal: YouTube. Evocou o apelido de *boob tube*,* como algumas pessoas chamavam a televisão, mas foi projetado para indivíduos. *For You* (Para Você).

Em um e-mail enviado a Hurley no final de fevereiro, Karim admitiu que achava que o conceito do YouTube era campeão. "Acho que nosso momento é perfeito", escreveu ele. "A gravação de vídeo digital se tornou comum no ano passado, uma vez que agora é realizada pela maioria das câmeras digitais." Mas o site não seria um lugar apenas para vídeos: Karim havia identificado outro site que fazia exatamente isso, o dumbvideos.com, que tinha fracassado.

Não, a ideia do YouTube era hospedar vídeos — mas também encontrar o amor. "Acredito que um site de vídeos focado em namoro chamará muito mais atenção do que vídeos estúpidos. Por quê? Porque namorar e encontrar garotas é a principal preocupação da maioria das pessoas que não são casadas", argumentou Karim. "Há um limite para o número de vídeos estúpidos que uma pessoa consegue assistir." Mal sabia ele o que sabemos agora...

---

* Uma alusão à suposta idiotice da programação televisiva e ao público que gosta de ver peitos (*boobs*), e ao fato de as televisões da época usarem monitores de tubo (*tube*). (N. T.)

116 A HISTÓRIA DA INTERNET PARA QUEM TEM PRESSA

O site foi lançado com um único vídeo mostrando Karim no Zoológico de San Diego, postado em 23 de abril de 2005. O YouTube quase não aconteceu — quando o trio soube que o Google havia lançado o Google Video em janeiro de 2005, eles consideraram seriamente desistir do projeto. Mas o trio seguiu em frente mesmo assim, e o vídeo de 18 segundos de Karim falando sem jeito em frente ao viveiro dos elefantes foi para a rede. Isso daria início a uma mudança radical na forma como consumimos conteúdo na internet. O YouTube rapidamente se tornaria um destino importante para pessoas que buscam distração na World Wide Web. Em setembro de 2005, pouco mais de quatro meses após o lançamento, 100 mil visualizações de vídeos eram registradas todos os dias — causando certa comoção nos responsáveis pelo site, que lutavam para evitar que os servidores travassem sob o peso do tráfego. (A decisão de junho de 2005 de permitir que vídeos do YouTube fossem incorporados por outros sites também não ajudou: os usuários podiam compartilhar vídeos na web inteira, utilizando a largura de banda do You-Tube, sem necessariamente visitar o site em si.)

Juntamente com as filmagens caseiras que as pessoas publicavam, havia cópias piratas de quadros/programas de televisão tradicionais, incluindo "Lazy Sunday"*, um esquete do humorístico *Saturday Night Live*.

O esquete de dois minutos, que mostrava Andy Samberg e Chris Parnell fazendo um rap que dizia como eles queriam comprar cupcakes e assistir a *As Crônicas de Nárnia*, foi postado pela primeira vez online, não no You-Tube, mas pelo próprio programa de TV em dezembro de 2005.

Quando apareceu no YouTube logo depois, o esquete rapidamente se tornou um dos vídeos mais populares da plataforma. Na primeira semana, atingiu 2 milhões de visualizações. Como Chad Hurley não tinha certeza de como aquilo foi parar no site, ele enviou um e-mail para a NBC dizendo que, se o upload não tivesse partido da emissora, bastava avisá-lo que eles removeriam. Chad não recebeu resposta alguma até o início de fevereiro de 2006, quando um advogado da NBC disse que o vídeo precisava ser removido do site — junto com todos os demais vídeos piratas do *Saturday Night Live*.

---

* "Domingo de Preguiça", em tradução livre. (N. T.)

CAPÍTULO TRÊS: WEB 2.0

O que aconteceu foi um exemplo perfeito de como a internet se submete à vontade dos usuários — sempre foi assim e sempre será. Diante de uma plataforma na qual os usuários poderiam armazenar vídeos, eles fizeram o que sempre farão: ignorar as regras impostas pelas plataformas e postar vídeos, mesmo que não detenham os direitos. Procure no YouTube hoje e você encontrará milhares de vídeos protegidos por direitos autorais que não foram postados por seus legítimos proprietários. Acontece a mesma coisa em todas as plataformas.

Mas isso se tornou um grande problema para o YouTube — porque era um grande problema para a Viacom, proprietária da NBC, que transmitia o *Saturday Night Live*.

A emissora processou o YouTube, alegando que "Lazy Sunday" era um dos pelo menos 150 mil videoclipes não autorizados de obras protegidas por direitos autorais hospedadas na plataforma, todos assistidos 1,5 bilhão de vezes. "Algumas entidades, em vez de seguirem o caminho legal de construir negócios que respeitem os direitos de propriedade intelectual na internet, vão atrás da fortuna explorando descaradamente o potencial infrator da tecnologia digital", escreveu a Viacom na queixa-crime. "O YouTube é uma dessas entidades."

A ação judicial teve fim por meio de um acordo depois que o YouTube foi comprado pelo Google. Mas os problemas de direitos autorais continuariam a prejudicar o YouTube.

Como o Vídeo Online Mudou

O YouTube não parava de crescer, mesmo que às vezes tenha precisado lutar para manter o controle dos problemas envolvendo direitos autorais. A plataforma começou a deixar de ser um lugar onde as pessoas postavam material estrelado por celebridades e protegido por direitos autorais ou vídeos caseiros toscos, para algo intermediário.

O ecossistema de vídeos online do YouTube começou a evoluir para um ecossistema povoado por "criadores": pessoas que tentavam profissionalizar a publicação regular de conteúdo de vídeo criado fora do sistema industrializado dos estúdios de Hollywood. "No YouTube em 2006, as pessoas simplesmente subiam vídeos de seus animais de estimação ou estranhíssimos esquetes cômicos que filmavam de si mesmas", disse Michael Buckley, que foi um desses primeiros criadores de conteúdo. "Não havia conteúdo de alta qualidade. Mas havia interações muito intensas e muito pessoais dentro da comunidade porque éramos pouquíssimos." Havia poucos criadores, mas muitos consumidores. O tráfego do YouTube quadruplicou entre janeiro e julho de 2006, quando entrou na lista dos 50 sites mais visitados do mundo, com 16 milhões de visitantes. Todos os dias, 100 milhões de vídeos eram assistidos, em comparação com os 100 mil

Ganhe Dinheiro, Seja Pago

Os criadores do YouTube estavam começando a reconhecer o poder do dinheiro. Brendan Gahan, que trabalhava numa agência de publicidade em São Francisco, recomendou aos chefes que tentassem anunciar um cliente, um concorrente do iPod chamado Zvue, no YouTube. Dois grandes nomes do site desde quase o início do YouTube foram Anthony Padilla e Ian Hecox. Juntos, eles formavam o Smosh, uma hilária dupla de comediantes que se estabeleceu no YouTube em 2005. Gahan tinha visto a popularidade da dupla — Smosh era o quarto canal mais popular do YouTube em setembro de 2006, com o que na época eram invejáveis 17.500 assinantes — e achou que os comediantes poderiam ajudar a influenciar as vendas do Zvue (um reprodutor de mídia portátil).

Ele procurou Padilla e Hecox com uma proposta: a empresa pagaria 15 mil dólares à dupla para mencionar o Zvue em um vídeo. Não precisava ser uma venda descarada. Bastava mencionar o produto. Em dezembro de 2006, Smosh subiu um pequeno esquete chamado "Feet for Hands",* onde, no meio do vídeo, um personagem ganhava de presente o aparelho. Eles receberam o dinheiro. Nascia assim o que conhecemos como "marketing de influência" — hoje uma indústria de 100 bilhões de dólares.

Em um ano, o YouTube se inteirou da novidade, primeiro inserindo comerciais de produtos em vídeos publicados pelos usuários no site em agosto de 2007, e depois lançando o Programa de Parcerias, que dava aos criadores uma parte da receita desses anúncios, em dezembro. O modelo de negócios em torno de vídeos na internet estava começando a ser construído.

---

* "Pés pelas Mãos", em tradução livre. (N. T.)

CAPÍTULO TRÊS: WEB 2.0

registrados diariamente apenas 10 meses antes. Um dos vídeos mais assistidos da época foi um clipe de dois minutos e 45 segundos do jogador de futebol Ronaldinho Gaúcho demonstrando suas impressionantes habilidades com a bola enquanto exibia um novo par de chuteiras Nike Tiempo.

O vídeo filmado com a câmera tremendo foi um dos primeiros exemplos de marketing de guerrilha online: foi publicado por um usuário chamado Wander Orsi, e deveríamos acreditar que aquele era um momento totalmente natural. Na realidade, foi um momento cuidadosamente editado e minuciosamente elaborado. Mas funcionou: o vídeo se tornou o primeiro no YouTube a ultrapassar 1 milhão de visualizações.

Em comparação, o Google Video estava flopando. O equivalente do YouTube do gigante da tecnologia vinha lutando para ganhar audiência e, mais importante, não conseguia encontrar relevância em relação ao concorrente, que era bem mais ágil.

Em vez de tentar vencer o YouTube, o Google decidiu se juntar a ele — literalmente. Em 9 de outubro de 2006, o Google anunciou que compraria o YouTube por 1,65 bilhão de dólares.

Normalmente, a compra de um concorrente menor por uma empresa maior envolveria a passagem da empresa menor para a hierarquia da maior. Mas, neste caso, os funcionários do Google Video receberam ordens para fazer as malas e ir para os escritórios do YouTube. O Google Video acabou sendo incorporado ao YouTube em junho de 2012.

O YouTube, sob a égide corporativa do Google, continuou seguindo basicamente a mesma trajetória. O mesmo fluxo de indivíduos que buscavam desenvolver os músculos criativos continuou postando vídeos excêntricos no site, o que continuou atraindo novos espectadores. E com novos espectadores vieram novos integrantes da equipe para manter no ar o site em rápido crescimento. O YouTube agora tinha dinheiro do Google e podia pagar salários do nível do Google.

Transmita a Si Mesmo

Hoje, o YouTube é um gigante do vídeo online. Mais de 500 horas de vídeo são subidas para a plataforma a cada minuto, com mais de 2 bilhões de usuários. O Google, a empresa por trás dele, obteve 8 bilhões de dólares em receitas de publicidade somente no YouTube no último trimestre de 2022 — e mais ou menos metade desse valor foi para criadores individuais que postaram na plataforma. No entanto, o site enfrentou um bocado de problemas após a compra.

O YouTube lançou um serviço de assinatura em fevereiro de 2016 — que decepcionou, em grande parte porque se concentrou mais no endosso de celebridades do que nas estrelas do site que fizeram do YouTube parada obrigatória. Em fevereiro de 2017, o jornal britânico *The Times* informou que o YouTube estava veiculando anúncios de resorts paradisíacos e produtos de limpeza doméstica juntamente com vídeos de recrutamento de terroristas. O subsequente abandono do YouTube por patrocinadores corporativos foi chamado de *adpocalypse*.* Dois anos depois, os anunciantes mais uma vez abandonaram o site depois que comentários pedófilos foram encontrados em vídeos com crianças.

Apesar de todos esses problemas, o YouTube sobreviveu e continua forte. Mas o vídeo online está mudando. E isso se resume a um aplicativo.

TikTok

Se o YouTube, o Facebook, o Twitter e o Instagram cresceram rapidamente e atingiram uma posição de domínio no mundo online, eles parecem lesmas se comparados ao TikTok. A plataforma de compartilhamento de vídeos curtos tem mais de 1 bilhão de usuários em todo o mundo que passam, em média, mais tempo no aplicativo do que a duração média de um longa-metragem. Ela cresceu até esse tamanho em mais ou menos a metade do tempo que os concorrentes mais antigos levaram.

E tem uma história interessante e controversa.

O TikTok é uma criação da ByteDance, empresa de tecnologia chinesa fundada em março de 2012 pelo empresário Yiming Zhang. A ByteDance desenvolveu um conjunto de aplicativos, incluindo um chamado Toutiao (ou Today's Headlines)** que apresentava aos usuários — e havia 10 milhões deles três meses após o lançamento — uma seleção personalizada de notícias com base em seus interesses.

---

* Um trocadilho com *ad* (anúncio) e *apocalypse* (apocalipse). (N. T.)
** "Manchetes do Dia". (N. T.)

O Toutiao, lançado no mesmo ano em que a ByteDance foi fundada, era alimentado por um algoritmo onividente que analisava o comportamento do usuário online e apresentava conteúdo semelhante para ele.

O algoritmo Toutiao, focado em reportagens de texto, seria útil para o próximo grande aplicativo da ByteDance: o Douyin. Aproveitando o sucesso do Toutiao, a empresa lançou o Douyin em setembro de 2016, pegando carona na popularidade de aplicativos de vídeos curtos como o Vine (fundado em junho de 2012 nos Estados Unidos) e um concorrente chinês chamado Kwai.

O Douyin foi desenvolvido meticulosamente: a ByteDance analisou como 100 aplicativos diferentes de vídeos curtos apresentavam conteúdo e escolheu os melhores elementos de cada um para colocar no próprio aplicativo. A abordagem funcionou. O Douyin se tornou popular na China e se expandiu além das fronteiras do país em maio de 2017, até que foi renomeado como TikTok e separado em um aplicativo próprio com desenvolvimento

O vídeo envolvente em tela cheia do TikTok captura nossa imaginação.

> ### O Risco de Segurança do TikTok
>
> No primeiro semestre de 2023, surgiu uma forte pressão contra o TikTok. Há muito tempo o aplicativo vinha sendo visto com maus olhos por alguns dos políticos mais sinofóbicos dos EUA, do Reino Unido e da Europa, mas não foi descoberta nenhuma prova definitiva de que se tratava de uma conspiração ao estilo Estado profundo.
>
> Mesmo assim, um atrás do outro, vários países bloquearam o aplicativo, geralmente apenas em dispositivos governamentais, mas alguns seguiram os passos da Índia, que proibiu o TikTok e muitos outros aplicativos em junho de 2020 devido às supostas ligações com a China.
>
> A justificativa para as proibições e bloqueios? "Riscos de segurança nacional" não especificados, para os quais nenhum país ainda forneceu provas. Mas toda a confusão mostra como a geopolítica e a tecnologia global estão intimamente interligadas.

próprio (embora, na realidade, o TikTok tenha pegado emprestados muitos recursos do Douyin — com um atraso de vários meses — assim que eles se mostraram populares na China). A fusão do TikTok com um concorrente, o Musical.ly, foi anunciada em novembro de 2017 e concluída em agosto de 2018.

Em janeiro de 2018, o TikTok tinha cerca de 54 milhões de pessoas usando o aplicativo todos os meses. No final daquele ano, esse número cresceu para mais de 270 milhões. No ano seguinte, eram 507 milhões. Em julho de 2020, quase 700 milhões abriam o aplicativo regularmente — praticamente três vezes mais que o Twitter, fundado uma década antes.

Mas foi o momento fortuito e a busca por distração da pandemia do coronavírus que realmente ajudaram o TikTok. Somente em março de 2020, o tempo de uso somado no aplicativo superou a quantidade de horas desde agora até a Idade da Pedra. O número de usuários aumentou e, dessa vez, mais deles também estavam dispostos a ficar na frente das câmeras.

A Ascensão do Criador

Desde que o YouTube incentivou os usuários a "transmitirem a si mesmos" (*Broadcast Yourself*, o lema do site durante anos), a internet tem tentado fazer com que compartilhemos cada vez mais a respeito de nós mesmos online.

Tudo começou com a política de nomes reais do Facebook, que pediu aos usuários que não se escondessem atrás dos pseudônimos que dominaram os fóruns e grupos da Usenet nos primeiros dias da era que hoje chamamos de Web 2.0. Mas o YouTube e a capacidade de compartilhar vídeos caseiros com mais pessoas além dos parentes de primeiro grau deram origem ao criador de conteúdo individual comum. A pessoa do ano da revista *TIME* em 2006 foi "Você". Não o você do YouTube, mas o novo grupo de indivíduos chamados de criadores online que postavam em sites como YouTube, Facebook e MySpace.

Nos Estados Unidos, mais crianças preferem ser YouTubers a astronautas, de acordo com uma pesquisa de 2019, o que mostra quanto o site se tornou uma demonstração de um plano de carreira, em vez de apenas um mero passatempo. O criador de conteúdo — às vezes também chamado de influenciador, termo que foi adicionado ao Dictionary.com em 2016 — se tornou

Foi necessário o lançamento do iPhone em 2007 para colocar uma câmera no bolso da maioria das pessoas. Acima o iPhone 4, de 2010.

uma estrela ascendente: dois termos diferentes para pessoas que postam conteúdo na internet e são pagas para testar serviços ou para convencer as pessoas a comprar produtos. Mas o YouTube ainda exigia que os indivíduos comuns investissem muito tempo, esforço e dinheiro para "se compartilharem" online. No início, a pessoa precisava de uma câmera digital — embora o surgimento dos smartphones, que colocaram uma câmera no bolso, tenha aliviado essa necessidade. Contudo, para crescer, os vídeos precisavam ter uma aparência profissional. Eram necessários um software de edição adequado, boa iluminação e som de qualidade, e tudo isso custava dinheiro. O TikTok conseguiu tirar proveito de

A Economia dos Criadores

Os vloggers, como aqueles que participaram da Vloggercon lá atrás em janeiro de 2005, se tornaram criadores e influenciadores — a maioria prefere o primeiro termo, pois enxerga o segundo como contaminado pelo fedor dos negócios — cerca de um ano depois. O contrato da dupla Smosh para marketing de influência no vídeo "Feet for Hands" foi um divisor de águas, seguido pelos primeiros anúncios em vídeo de mil parceiros, incluindo *Os Simpsons — O Filme* (lançado no YouTube em agosto de 2007).

Os anúncios, que tiveram a forma de um banner translúcido colocado sobre o vídeo sendo reproduzido na época, foram vistos como relativamente discretos e renderam cerca de metade da receita obtida para o criador do vídeo em que se intrometeram.

Foi o reconhecimento de que influenciadores e criadores tinham poder. E continuariam a ter. Hoje, a economia dos criadores vale mais de 100 bilhões de dólares. Ela sustenta toda uma indústria de gestores de marcas, especialistas em publicidade e consultores que dão apoio aos talentos da tela, que atuam para seu público de milhões de pessoas em aplicativos como Instagram, YouTube, TikTok e Snapchat.

E isso significa *big business*. Quando começam a investir muito dinheiro em um espaço, os anunciantes querem garantias de que a grana será bem gasta, de que as mensagens da marca que estão tentando transmitir ao público serão bem recebidas e jamais atreladas (não publicadas juntamente) a conteúdo inadequado. O moderador de conteúdo se tornaria mais importante do que nunca.

CAPÍTULO TRÊS: WEB 2.0

câmeras de smartphones de alta definição através da melhoria do padrão de vídeo que o aplicativo captura por meio de software. Suas ferramentas de edição são intuitivas e gratuitas. A curta duração do vídeo do TikTok — inicialmente entre 15 e 60 segundos, mas agora podendo chegar a 10 minutos, embora na prática ainda sejam normalmente de 20 ou 30 segundos — também significa que as pessoas não se sentem tão intimidadas em gravar conteúdo como antes.

Isso é útil, porque a bocarra escancarada do TikTok precisa de conteúdo novo para manter os espectadores satisfeitos; acontece que vídeos curtos consomem conteúdo muito rapidamente. Mas é um modelo de sucesso, e um modelo que a velha guarda dos vídeos (e fotos) online achou que deveria copiar.

Instagram Reels e YouTube Shorts

Mark Zuckerberg odeia ficar em segundo lugar. A ascensão do TikTok deixou o empreendedor preocupado: ele já havia tentado desenvolver uma plataforma para matar o TikTok chamada Lasso, que foi testada no Brasil entre 2018 e 2020, sem muita sorte. Embora o Lasso não tenha enlaçado o público da maneira que Zuckerberg queria, ele ainda desejava competir com o TikTok de alguma forma depois de ver seus aplicativos como o Facebook e o Instagram perderem base para o TikTok, que era visto como um aplicativo mais na moda entre os adolescentes.

Assim, no final de 2019, o Instagram lançou algo parecido com o TikTok, o Reels, em caráter experimental em vários países, incluindo o Brasil, onde o Lasso falhou. Vendo uma oportunidade, o Facebook empurrou o Reels para a Índia em julho de 2020, logo depois que o governo indiano proibiu o TikTok por causa de um argumento geopolítico ao qual retornaremos no próximo capítulo. O resto do mundo teve que esperar até agosto de 2020 para usar o Reels, que tinha muitas semelhanças com o TikTok.

Na mesma época, o YouTube começou a prestar atenção à ascensão do TikTok. Em setembro de 2020, a plataforma lançou o próprio clone do TikTok, chamado YouTube Shorts. A batalha pela supremacia em vídeos curtos estava apenas começando.

Todos os três aplicativos contam com empresas de tecnologia trilionárias. A ByteDance, dona do TikTok, está avaliada em 220 bilhões de dólares segundo algumas estimativas, enquanto o Google e a Meta são regularmente classificadas entre as top 10 mais valiosas do mundo. E todas três estão dispostas a investir muito dinheiro na tentativa de adquirir e manter usuários. A razão? A ascensão de uma economia paralela na era da Web 2.0, chamada de economia dos criadores.

Moderação de Conteúdo

Um ex-funcionário do YouTube, que esteve presente nos primeiros dias da plataforma, me disse que o site, quando foi lançado, não tinha uma equipe dedicada de moderação de conteúdo. Havia mais ou menos umas 12 pessoas no escritório que ajudavam. "Todo mundo usava o YouTube de maneira casual durante o dia para ficar de olho, e se alguém visse algo que não deveria estar ali, se manifestaria dizendo: 'Isso não deveria estar ali.'"

Desde o primeiro dia, o YouTube se preocupou com o tipo de conteúdo postado na plataforma — mas talvez não da maneira que você esperaria. Em vez de procurar manter os anunciantes satisfeitos, o YouTube se concentrou mais nos usuários. E assim, as diretrizes informais que existiam eram baseadas no que eles achavam que os usuários aceitariam. A moderação de conteúdo era não só reativa, mas também um reflexo dos interesses e hábitos do usuário, em vez de uma diretriz de cima para baixo.

As diretrizes instituídas pelo boca a boca não durariam muito, e regras escritas foram apresentadas quando o YouTube contratou o primeiro revisor de conteúdo em tempo integral, que examinaria os vídeos marcados pelos primeiros funcionários para ver se eram apropriados ou se deveriam ser removidos.

As diretrizes ocupavam uma única página e foram escritas por Micah Schaffer, que mais tarde se tornaria um especialista em moderação de conteúdo. Elas contemplavam todas as questões óbvias: pornografia, automutilação, violência explícita e filmagens de mortes/assassinatos reais. A equipe do YouTube tinha passado algum tempo na internet; eles conheciam os cantos mais sombrios. A lista de diretrizes foi descrita por um ex-funcionário como "os maiores sucessos das coisas ruins na internet".

Esse revisor de conteúdo assinalado se reuniu com outros funcionários de alto escalão, que rapidamente começaram a perceber e discernir padrões no conteúdo questionável enviado para revisão. Em meados de 2006, o YouTube redigiu sua primeira política informal de discurso de ódio. Em termos gerais, ela permitia que as pessoas dissessem o que quisessem, por mais abominável que fosse, desde que fosse articulado de maneira razoável, sem insultos. Isso pode parecer estranho: por que deixar alguém espalhar que acredita na eugenia, como o ex-funcionário do YouTube me disse que poderia acontecer, e só impedir se a pessoa dissesse uma palavra condenável? A ideia era um exemplo do libertarianismo clássico do Vale do Silício: a luz solar é o melhor desinfetante. "Esse era o raciocínio; as pessoas vão dizer essas coisas de qualquer maneira e podem ser suas vizinhas", disse o ex-funcionário. "Então, é melhor que você saiba disso." Mas eles não perceberam que "saber disso" poderia mudar opiniões.

A Evolução da Moderação

Essa foi uma das primeiras grandes falhas da moderação de conteúdo. Mas o conceito já existia na internet muito antes de o YouTube ser fundado. No ano 2000, um internauta judeu de um site de leilões online administrado pelo Yahoo! procurou objetos nazistas para comprar na França. A venda de tais itens era proibida no país e, como ele conseguia encontrá-los para comprar, o Yahoo! estava infringindo a lei francesa. O Yahoo! proibiu a venda de objetos nazistas em janeiro de 2001.

Esse foi um dos primeiros exemplos claros de intervenção de uma plataforma para censurar um conteúdo considerado inadequado — nesse caso, devido às leis de um país. Mas estaria longe de ser o último.

Nas fases iniciais da internet, os quadros de avisos e as comunidades online que giravam em torno deles podiam ser mantidos basicamente sob controle por um punhado de pessoas. Eram moderadores que ofereciam seu tempo voluntariamente para manter a paz entre indivíduos antagônicos, muitas vezes envolvidos em discussões.

E havia discussões; não foi à toa que o advogado Mike Godwin cunhou uma frase em 1990 que desde então se tornou um provérbio da internet: quanto mais tempo dura uma discussão na internet, maior é a probabilidade de um ou mais participantes compararem os demais a nazistas. A Lei de Godwin foi apresentada pela primeira vez em 1990 e entrou no Dicionário Oxford de Inglês em 2012. Contudo, surpreendentemente, embora seja uma máxima que muitos que estão online atestem como verdadeira, ela foi parcialmente refutada por uma análise acadêmica de quase 200 milhões de postagens no Reddit feita em 2021.

Mas esse número enorme — 200 milhões — dá uma ideia do motivo pelo qual o conceito inicial de moderação gerida por voluntários e sem intervenção já não funciona mais pra valer. Embora o Reddit de fato dependa principalmente de um grupo de moderadores para cada um de seus subreddits, que assumem a responsabilidade de manter as diretrizes em cada seção do site, poucas plataformas fazem a mesma coisa.

A moderação de conteúdo se tornou um trabalho remunerado — não bem remunerado, e muitas vezes terceirizado na forma de funcionários contratados por um punhado de empresas especializadas em fornecer os lixeiros da internet. E faltam moderadores.

No início de 2023, a Meta empregava mais de 40 mil pessoas no que chama de "segurança e proteção" — o que inclui moderação de conteúdo. O TikTok tem suas próprias 40 mil pessoas verificando o conteúdo para garantir que ele esteja de acordo com o que a empresa deseja na plataforma. O Twitter demitiu a maioria das equipes de moderação de conteúdo após a aquisição da empresa por Elon Musk em 27 de outubro de 2022, mas antes disso também tinha milhares de pessoas monitorando o conteúdo denunciado à plataforma.

Esses moderadores de conteúdo muitas vezes trabalham sobrecarregados e recebem pedidos para analisar centenas de conteúdos por dia para decidir se atendem às diretrizes que as plataformas exigem dos usuários. Desde então, essas normas foram escritas para que não haja confusão a respeito delas: o Facebook divulgou publicamente as primeiras Diretrizes da Comunidade em 24 de abril de 2018, mas, àquela altura, as regras já estavam em vigor havia vários anos, e o público já tinha vislumbrado as normas quando foram vazadas à imprensa graças a reportagens, digamos, intrépidas.

Mas mesmo quando as diretrizes estão claramente escritas e com detalhes meticulosos, o volume de trabalho que os moderadores precisam fazer diariamente significa que muitas vezes há falsos positivos ou negativos — onde as diretrizes são obedecidas com excesso ou falta de zelo — que escapam.

O Olho do Computador Vigia de Cima

A maioria das plataformas tecnológicas hoje em dia tem noção de que não conseguem sobreviver ao pântano de conteúdo apenas com olhos humanos — mesmo quando replicado dezenas de milhares de vezes — e é por isso que começaram a integrar elementos de informática no processo. Além de passar a carga de trabalho para funcionários mal remunerados que labutam em condições difíceis, as empresas também estão terceirizando certos elementos para os computadores.

A IA (inteligência artificial), e especificamente a visão computacional, é implantada por várias plataformas para dar uma primeira olhada no fluxo de conteúdo postado. Ela realiza uma análise superficial para ver se algo pode estar errado e, em seguida, transfere o trabalho para um moderador humano para uma análise mais aprofundada. Nem sempre funciona — as empresas envolvidas muitas vezes alardeiam ter altas taxas de sucesso (de 90%) na detecção de conteúdo infrator, o que parece um número satisfatório, mas na realidade ainda significa, dentro da escala de uma plataforma, que possivelmente centenas de milhares de postagens estão escapando.

Obviamente, esse é um grande problema. A moderação de conteúdo continua sendo uma questão espinhosa que nenhuma plataforma de fato acertou. A história está repleta de fracassos: um massacre em março de 2019 numa mesquita em Christchurch, na Nova Zelândia, foi transmitido ao vivo no Facebook pelo próprio autor dos disparos enquanto matava 51 pessoas. Menos de 200 internautas assistiram ao vivo, e o vídeo foi retirado do ar 12 minutos após o término da transmissão. Mas pelo menos um desses 200 expectadores salvou uma cópia e publicou online. Nas 24 horas subsequentes ao ataque, o Facebook lutou, em vão, para manter o vídeo sob controle: mais de 1,5 milhão de versões inundaram o site.

Esse foi um problema de escala. Entretanto, outras questões têm se mostrado um problema de discernimento e decência.

A fotografia feita em 1972 pelo fotógrafo Nick Ut, da Associated Press, chamada "O Terror da Guerra", é uma das imagens mais emblemáticas da humanidade. Você sabe qual é: é a imagem de uma garota nua enquanto foge de um ataque de napalm, gritando de dor. É absurdamente incômoda, mas ainda assim olhamos porque é importante lembrar os horrores da guerra.

Contudo, em 2016, o Facebook decretou que ninguém deveria vê-la.

Um jornalista que a incluiu numa lista de fotografias que mudaram a guerra publicou a sua história no Facebook. A foto foi removida. O jornalista republicou. A foto foi removida e ele foi banido. Foi uma indicação de como as diretrizes de moderação de conteúdo das mídias sociais podem ser impactantes — em alguns casos, literalmente reescrevendo a nossa história.

A Seção 230: Quando uma Plataforma Não É um Veículo?

A intervenção das plataformas — ou mais especificamente, dos executivos que as dirigem — virou uma questão debatida com fervor à medida que a política se tornou cada vez mais polarizada. É possível argumentar que Donald Trump foi o primeiro grande líder de um país a ser eleito nas costas da internet. Na campanha bem-sucedida de 2016 para se tornar presidente dos EUA, ele usou o Twitter para contornar o escrutínio da grande mídia a respeito de suas declarações políticas moderadas e transmitiu mensagens diretamente aos potenciais eleitores usando anúncios direcionados no Facebook.

Trump tirou proveito das divisões da política, que alguns argumentam terem sido exacerbadas pelas redes sociais. Embora seja possível pensar que Trump seria um fã da web e das plataformas de mídia social, ele não é. Trump e seus colegas republicanos acham que os executivos das redes sociais pendem a balança a favor dos seus oponentes democratas por meio de intervenções de moderação — mesmo quando as evidências provam o contrário, que as plataformas de redes sociais como o Twitter tendem a pender para a direita.

É algo relevante, qualquer que seja o lado para onde essas plataformas pendam, afinal isso vai contra os princípios fundamentais de serem plataformas por intermédio das quais as postagens são transmitidas, em vez de veículos que têm uma abordagem específica.

A Seção 230 contém "as vinte e seis palavras que criaram a internet", de acordo com o professor de direito especializado em segurança cibernética Jeff Kosseff. É uma emenda bipartidária acrescentada à Lei de Decência nas Comunicações (CDA em inglês) de 1996 do Congresso dos EUA, que tornou ilegal a distribuição de material "obsceno ou indecente" por meio da internet a qualquer pessoa com menos de 18 anos, bem como assediar ou ameaçar pessoas online.

CAPÍTULO TRÊS: WEB 2.0

A CDA afligiu a nascente World Wide Web por causa dos possíveis efeitos inibidores — aqueles que administravam serviços de hospedagem na web, fóruns ou ISPs, por exemplo, estavam preocupados com a possibilidade de serem responsabilizados por qualquer conteúdo infrator que aparecesse em sites que hospedassem ou pelos quais fossem responsáveis. Portanto, foi adicionada a Seção 230. Ela proporcionaria uma isenção para "fornecedores de serviços interativos de computador", o que significa que eles não poderiam ser responsabilizados pelo comportamento dos usuários nas plataformas.

A CDA duraria menos de um ano até que a Suprema Corte a considerasse inconstitucional porque suprimia a expressão adulta protegida pela liberdade de expressão. Mas a Seção 230 permaneceu.

Nos 25 anos que se seguiram, a Seção 230 provou ser uma espécie de salvador da pátria para os sites de redes sociais: eles podem alegar que são meras plataformas, simplesmente transmitindo o conteúdo gerado pelos usuários, em vez de veículos que seriam responsáveis pelo conteúdo que mostram.

BIG TECHS: GRANDES DEMAIS PARA FALIR?*

A proteção fornecida pela Seção 230 é muito importante porque a forma como pensamos a respeito da web mudou. No momento em que a Seção 230 estava sendo elaborada, as coisas que as pessoas publicavam na internet raramente possuíam um alcance que fosse além de suas pequenas e isoladas comunidades. Algo postado em um fórum normalmente só seria visto por outros usuários do mesmo fórum. O conteúdo raramente escaparia do perímetro cuidadosamente traçado.

Mas a ascensão de sites como YouTube e Twitter, e de aplicativos como Instagram e TikTok, mudou isso. A Web 2.0 se transformou de uma rede predominantemente voltada para texto numa miscelânea multimídia — que é muitíssimo mais difícil de controlar, verificar e moderar.

---

* O conceito de *Too Big to Fail* ("Grande Demais para Falir") foi criado há algumas décadas pelo governo americano para proteger empresas, sobretudo as ligadas ao setor financeiro. A falência de uma empresa do grupo *too big to fail* poderia ser devastadora para a economia nacional e mundial. As leis mais recentes foram assinadas em 2008, compondo o *Emergency Economic Stabilization Act* (EESA), o Ato de Estabilização Econômica de Emergência. (N. T.)

A mudança se deveu a uma variedade de fatores. Por um lado, obtivemos tecnologia melhor, desde o advento das webcams, às câmeras digitais, aos smartphones com câmeras embutidas de qualidade profissional em nossos bolsos. Isso coincidiu com um grande aumento na velocidade média da internet, o que significa que mais conteúdo com qualidade de transmissão se tornou a norma. Desde 1997, a velocidade média da internet nos EUA dobrou a cada quatro anos, de acordo com a Comissão Federal de Comunicações. A internet 5G que chega aos nossos telefones celulares enquanto perambulamos pelo mundo oferece velocidades médias que seriam inimagináveis para alguém preso a uma conexão de modem doméstico de 56k no início dos anos 2000. A velocidade média de download de 100 megabits por segundo na tecnologia 5G é 1.785 vezes mais rápida do que a conexão de 56k com a qual muitas pessoas iniciaram sua jornada online.

Tudo isso significa que as pessoas estão consumindo conteúdos mais variados, de diversos criadores, com mais frequência. A variedade é o tempero da vida, mas quando todos são criadores de conteúdo, mais coisas podem dar errado. Desde perigosos desafios de imitação que levam a graves lesões até pessoas com crenças intragáveis podendo espalhar discurso de ódio — dar a todos um microfone e uma câmera nem sempre é a bênção que parece.

A proteção oferecida pela Seção 230 foi uma boa notícia para os executivos que enriqueceram com a Web 2.0. Eles conseguiram penetrar — e introduzir suas plataformas — nas nossas vidas cotidianas de uma forma que pareceria inimaginável para os pioneiros da Web 1.0, que procuraram demolir hierarquias. Gastamos nosso tempo livre produzindo conteúdo em massa para essas plataformas (muitas vezes de graça ou por uma ínfima parcela dos lucros) — algo que provavelmente deixaria perplexos aqueles da era anterior da internet. E os executivos estão felizes da vida decorando seus ninhos e protegendo seus cargos juntamente com seus saldos bancários multibilionários.

As Big Techs se tornaram grandes demais para falir, inacreditavelmente ricas, intrinsecamente entrelaçadas na estrutura da nossa sociedade e com o poder da lei ao seu lado. Mas, como veremos em breve, os principais players estão dispostos a competir e roubar terreno uns dos outros. E embora estejamos concentrados no conflito mutuamente destrutivo entre empresas em guerra, há uma luta ainda maior a ser travada online.

CAPÍTULO QUATRO

Quem Controla a Internet Global?

De Quantas Internets Você Precisa?
J.C.R. Licklider foi presciente na forma como enxergou a evolução da internet. E de várias maneiras. Além de prever a oportunidade de construir comunidades e ultrapassar fronteiras, ele percebeu que havia um mar revolto à frente. "Se as redes forem para o futuro o que o alto-mar foi para o passado, então o controle delas será o foco da competição internacional", escreveu em um ensaio de 1980. Mal sabia ele na época o que isso acarretaria.

A internet continua imensamente desigual, mesmo décadas depois de ter sido inventada. A União Internacional de Telecomunicações, um braço das Nações Unidas, estima que um terço da população mundial ainda permanece offline. No continente africano, a maioria das pessoas não está ligada à internet; três quartos dos lares definidos de forma global como de "baixa renda" não estão online.

Muitos que se encontram lendo este livro moram em países ricos, ocidentais e desenvolvidos. A experiência de vocês na internet não é a norma global. E é importante ter isso em mente ao pensar na onipresença do mundo online em sua vida — especialmente para quem mora nos Estados Unidos. Embora sejam empresas americanas aquelas que criam grande parte da tecnologia que utilizamos e das plataformas em que passamos o nosso tempo online, os habitantes dos Estados Unidos representam menos de um décimo da população global da internet.

E mesmo que você esteja num país onde o acesso à internet é fácil/comum, isso não significa que sua experiência será a mesma de alguém num país do Primeiro Mundo.

Três quartos da população chinesa utilizam a internet. Aproximadamente a mesma proporção de gente está online na Itália. Na Rússia, são 88%, assim como na Suécia. No entanto, o que os usuários da internet em cada nação veem e como podem conversar é drasticamente diferente.

Isso se deve a problemas geopolíticos mais amplos e aos direitos à liberdade de expressão em cada país.

Tanto a China como a Rússia viram como a internet pode ajudar a fomentar uma revolução — sobretudo na forma como o Twitter e o acesso online ajudaram a atiçar a fogueira da Primavera Árabe em 2011, que foi transmitida ao vivo e tuitada à medida que se espalhava de um país para outro, derrubando ditadores — e decidiram que não queriam por lá nada daquilo.

Embora gostemos de dizer que a internet é um mundo sem fronteiras e um farol para a liberdade, a realidade é mais complicada — e há mais muros do que gostaríamos.

SPLINTERNETS: RÚSSIA

O conceito de *splinternet* — uma combinação em inglês de "divisão" ou "fragmentação" com "internet" — foi cunhado em 2001 por Clyde Wayne Crews, pesquisador do Instituto Cato. Crews não imaginou que o conceito fosse uma coisa ruim: ele apenas previu o funcionamento de uma série de "internets paralelas que funcionariam como universos distintos, privados e autônomos". Mas governos do mundo inteiro dividiram essas internets paralelas em fronteiras bem distintas — que lhes convinham, e não aos usuários.

Ao mesmo tempo que os Estados Unidos utilizavam orçamento de pesquisa militar para desenvolver a internet no país, a Rússia começou a conceber uma série semelhante de redes de computadores para compartilhar conhecimentos, de forma bem parecida ao que estavam fazendo as universidades e instituições militares norte-americanas. A União Soviética (como era então conhecida) estava, na época, em competição acirrada com os Estados Unidos por causa da Guerra Fria. Como a ideia de usar uma tecnologia

CAPÍTULO QUATRO: QUEM CONTROLA A INTERNET GLOBAL? 135

desenvolvida pelo inimigo jurado era execrável para a URSS, os soviéticos desenvolveram sua própria solução. Mas ela só viria a existir muito depois da ARPANET. A força motriz por trás da iniciativa, um ousado diretor do Instituto de Cibernética de Kiev, chamado Viktor Glushkov, continuou tentando convencer o alto escalão no decorrer da década de 1960 a adotar a ideia de algo semelhante à internet — uma coleção de computadores em rede que pudesse centralizar o controle e acelerar o funcionamento da União Soviética. Foi essa última proposta que fez naufragar os planos iniciais para uma internet soviética, acredita Slava Gerovitch, autor de um tratado a respeito do motivo de a União Soviética não ter conseguido montar uma rede nacional de computadores. Aquilo se tornou um projeto muitíssimo complicado para a União Soviética, em dificuldades tecnológicas e financeiras, enfrentar.

Em vez disso, foram necessárias iniciativas universitárias para trazer a internet — ou elementos dela — para a União Soviética. A All-Union Academic Network, ou Akademset, foi lançada em 1978. Em uma demonstração de unidade apesar das divisões, ela se conectaria à ARPANET utilizando um padrão digital comum, mas permaneceria independente.

Essa relação singular teve seu melhor exemplo na estranha amizade estabelecida entre Joel Schatz, um hippie que abandonou o exército dos EUA, e Joseph Goldin, um empreendedor soviético obcecado pela ideia de comunicações globais. Schatz viajou da Costa Oeste dos Estados Unidos para instalar equipamentos e infraestrutura fundamentais para ajudar a montar a internet soviética no auge da Guerra Fria, quando fez amizade com Goldin. Ambos compartilhavam uma visão: se as duas superpotências, que eram inimigas havia muito tempo, pudessem simplesmente falar entre si, as relações talvez fossem menos tensas.

Schatz ajudou a intermediar a conexão entre a Rússia e os Estados Unidos. (Até 1983, quando foi estabelecido o Teleporto São Francisco-Moscou — uma linha direta entre os EUA e a URSS alcançada com a ajuda de Schatz e Goldin —, aqueles na União Soviética que quisessem se conectar à internet global em maior escala entrariam nela através de um ponto central na Áustria.)

As relações permaneceram cordiais mesmo durante a dissolução da URSS e a ascensão de uma nova e unificada Rússia. Na verdade, mesmo antes disso, a mudança de percepção dentro da União Soviética, que passou a ter

136 A HISTÓRIA DA INTERNET PARA QUEM TEM PRESSA

menos suspeitas a respeito do mundo em geral, ajudou muitíssimo a transformar o Teleporto São Francisco-Moscou primeiramente em um empreendimento comercial em 1986, e depois no rebatizado Teleporto SovAm (Soviético-Americano) em 1990.

O Teleporto SovAm foi o primeiro ISP da URSS e foi auxiliado pela dedicação de Schatz, que saiu da União Soviética no início dos anos 1990. "As coisas estavam realmente se normalizando", disse ele num documentário de 2016 a respeito da história da internet russa. "Era uma época de muito otimismo, por isso não havia razão para permanecermos lá." Na mente de Schatz, a famosa Cortina de Ferro tinha caído — tanto online como offline. Em 1990, os russos estavam conectados a quadros de avisos ocidentais populares, como o FidoNet.

Mas isso não duraria.

A REVOLUÇÃO SOVIÉTICA

Em 1991, quando ocorreu a derrubada do antigo governo soviético por Boris Yeltsin — e os meios de comunicação tradicionais, como as emissoras de TV da União Soviética, ficaram transmitindo *O Lago dos Cisnes* sem parar —, as informações a respeito do golpe foram adulteradas na internet soviética.

Pesquisadores com acesso à rede, que estavam em grande parte concentrados na indústria nuclear da URSS devido à importância do intercâmbio de informações em tempo real, começaram a trocar mensagens a respeito da circulação de tanques nas ruas. Eles parafrasearam o famoso discurso de Boris Yeltsin em cima de um tanque, que criticava a resposta desesperada e violenta do governo ao golpe. Seria um momento marcante — e que indicava os problemas que surgiriam quando outro governo autoritário tomasse o poder.

Contudo, antes da chegada de Vladimir Putin ao Kremlin, havia uma internet a ser construída. A década de 1990 marcou uma mudança enorme para o país que agora havia se tornado a Rússia: os negócios bombaram, e a ganância era uma coisa boa.* Os oligarcas começaram a pressionar os

---

* O autor faz alusão ao famoso bordão do personagem de Michael Douglas em *Wall Street* — *Poder e Cobiça* (1987), o especulador da bolsa Gordon Gekko: *greed, for lack of a better word, is good*, ou, "a ganância, na falta de uma definição melhor, é uma coisa boa". (N. T.)

CAPÍTULO QUATRO: QUEM CONTROLA A INTERNET GLOBAL? 137

acadêmicos e afastá-los do controle da internet, e muitos programadores soviéticos acabaram por emigrar para os Estados Unidos.

A chegada da World Wide Web em 1993 foi divulgada — com um ligeiro atraso, porém — na Rússia recém-aberta. O primeiro site público na Rússia foi lançado em fevereiro de 1994: Sovam.com era a face pública do Teleporto SovAm.

A internet demorou a engrenar na Rússia: cerca de 2% da população tinha acesso na virada de 1998 para 1999, embora o número tenha duplicado na virada de 1999 para 2000. O ano 2000 foi determinante, por motivos óbvios, pois foi quando Vladimir Putin substituiu Boris Yeltsin como presidente russo, e a abordagem que o país adotou em relação ao resto do mundo mudou drasticamente.

O que tinha sido uma ferramenta utilizada para documentar mudanças significativas de regime no início da década de 1990 virou, menos de uma década mais tarde, algo a ser subjugado e reprimido. Felizmente para Putin, a maioria dos russos nunca tinha experimentado a internet, por isso não sabiam o que estavam perdendo; na verdade, em 2002, na Rússia — que ainda sentia os efeitos de décadas de atraso em relação ao Ocidente graças ao regime ditatorial soviético —, uma parcela surpreendente de 84% de pessoas nunca tinham sequer utilizado um computador. E muitos dos que usaram geralmente não navegavam em casa (porque os PCs eram incrivelmente caros), mas sim em cibercafés.

O acesso à internet foi rapidamente identificado como algo problemático para Putin: enquanto uma Lei de Comunicações de 1996, implementada por Yeltsin, consagrou o direito constitucional à privacidade para todos os cidadãos russos, a Doutrina de Segurança da Informação de 2000, promulgada por Putin, identificou a crescente internet como uma preocupação de segurança nacional e restringiu alguns direitos individuais à liberdade e à privacidade no caso de questões de segurança nacional.

SORM: Vigilância Russa na Internet

Mas apesar da ideia estrangeira de que os russos estavam livres para fazer o que bem quisessem na internet antes da chegada de Putin, a realidade era mais complicada. Na Rússia pós-soviética, o braço comprido da KGB e de seu

138 A HISTÓRIA DA INTERNET PARA QUEM TEM PRESSA

sucessor, o FSB (ou Serviço Federal de Segurança da Federação Russa), nunca esteve fora do alcance do cidadão.

Há muito tempo a Rússia possui um dos serviços de contraespionagem mais paranoicos e difundidos do mundo. E mesmo que Boris Yeltsin estivesse relativamente disposto a encorajar a liberdade de expressão e o uso generalizado da internet, os *apparatchiks** dos serviços de segurança não estavam. Assim sendo, em 1995, eles iniciaram o SORM, ou Sistema para Atividades Investigativas Operativas, em inglês. Foi um processo respaldado por lei, que permitiu ao FSB grampear as comunicações na internet, incluindo o conteúdo de e-mails e todos os sites acessados por qualquer cidadão. O SORM foi habilitado exigindo que os ISPs russos instalassem hardware que permitiria aos espiões... bem, espionar.

Uma atualização do SORM de 1998, com o nome criativo de SORM-2, expandiu os poderes do FSB para observar o que os usuários estavam fazendo online. Em 2000, o ministro da Tecnologia da Rússia, Leonid Reiman, lançou uma atualização do SORM-2, o que significou que o FSB já não precisava fornecer qualquer justificativa para querer monitorar a atividade online de um cidadão. E, no mesmo ano, Vladimir Putin expandiu ainda mais o poder do SORM-2. Um de seus primeiros atos no comando foi aumentar o número de agências capazes de solicitar dados ao SORM, desde o FSB até outros sete órgãos, incluindo a polícia. O estado de vigilância digital era agora algo institucionalizado.

A INTERNET NA RÚSSIA HOJE

Desde então, o SORM original vem sendo reforçado, incluindo uma alteração em 2012 que monitorava a atividade nas redes sociais, e outra em 2014 que exigia que os ISPs instalassem equipamentos mais modernos, com capacidade para inspeção profunda de pacotes (DPI, em inglês). Isso analisa todo o conteúdo de um pacote de dados, em vez de apenas uma versão de alto nível dele.

A internet é supervisionada por um braço do Ministério das Comunicações russo chamado Roskomnadzor, que determina o que pode e o que não

---

* Gíria russa para agentes do "aparato" governamental ou do Partido Comunista que ocupe qualquer cargo de responsabilidade burocrática ou política. (N. T.)

CAPÍTULO QUATRO: QUEM CONTROLA A INTERNET GLOBAL? 139

pode ser visto. Desde 2014, o Roskomnadzor mantém uma lista de websites proibidos, que pretensamente inclui aqueles que se concentram no consumo/ comércio de drogas, no abuso infantil e na promoção da automutilação — mas que também inclui sites inofensivos de oposição ao presidente em sua busca sistemática por criminosos. Naquele mesmo ano, a Rússia também instituiu uma "lei dos blogueiros", que exigia que qualquer site com mais de 3 mil visualizações/dia se registrasse junto ao governo.

O registro obrigatório não é apenas para quem deseja postar na internet para um público mais amplo. Em 2014, a Rússia fechou o cerco consideravelmente; em um discurso naquele ano, Putin chamou a internet de um "projeto da CIA".

Juntamente com a introdução da lista proibida do Roskomnadzor e da lei dos blogueiros, qualquer pessoa que use Wi-Fi público em qualquer lugar da Rússia — mesmo que esteja apenas acessando o Wi-Fi gratuito de uma lanchonete para verificar as notificações do Instagram — deve cadastrar o número do celular. Existe uma regra semelhante para a pessoa que contrata um serviço de banda larga doméstica: deve fornecer suas informações ao ISP, que por sua vez pode fornecê-las ao governo.

Essa abordagem é chamada por alguns acadêmicos de "autoritarismo em rede". É uma combinação de vigilância por hardware com a ameaça implícita de um punho de ferro dentro de uma luva de pelica. É uma coisa tipicamente russa, portanto — mas Putin queria ir ainda mais longe.

O problema para Putin é que a Rússia — embora tenha uma censura severa (o grupo de pesquisadores Freedom House diz que, em 2023, a Rússia obteve míseros 21 pontos em 100 no seu índice de liberdade na internet)* — ainda possui vozes de oposição que há muito usam a internet para questionar a liderança do ditador. Alexei Navalny,** líder do movimento de oposição a Putin, tem utilizado frequentemente documentários online para destacar a corrupção que ele alega ser endêmica dentro do governo — e as alegações de Navalny conquistam audiências enormes.

---

* Para se ter uma ideia desse número, em 2023 o Brasil marcou 64 pontos, os EUA 71, a Islândia 94 e a China 9. (N. T.)
** Morto em circunstâncias suspeitas em fevereiro de 2024, portanto após o lançamento deste livro no final de 2023. (N. E.)

Isso causa problemas a Putin. Acredita-se que ele tenha orquestrado uma tentativa fracassada de envenenamento de Navalny em agosto de 2020. Putin tomou providências para tentar exercer *mais* controle sobre a internet na Rússia, em grande parte seguindo os passos de outro país autoritário: a China.

Os Grandes Firewalls do Mundo*

É compreensível que a história da internet e suas raízes arraigadas no espaço de defesa militar dos EUA tenham feito com que alguns países pensassem duas vezes se deveriam ou não adotar a nova tecnologia sem ressalvas. O que a internet oferecia aos usuários — acesso irrestrito e imediato à informação mundial e a capacidade de entrar em contato e conversar com pessoas que pensam da mesma forma — também era problemático como conceito para regimes mais autoritários, habituados a controlar a opinião pública.

Para a China, como veremos em breve, o fato de a composição política do país já estar firmemente enraizada para fornecer controle absoluto ao líder do governo significava que o país não tinha que se preocupar muito com a internet. Quando a promessa e o potencial de uma vida vivida online chegaram ao mundo, a China já tinha controle sobre seu povo e decidiu simplesmente implementar — do zero — uma internet feita à sua própria imagem, onde o governo detivesse o poder. A expressão era limitada e deferente ao Partido Comunista, completamente diferente do vale-tudo que é a visão da internet que temos no Ocidente.

A Rússia era mais complicada. No momento em que a internet estava se tornando lugar-comum graças à difusão da web, o sistema de controle centralizado, que era onipresente na era soviética, vinha desmoronando. O presidente da Rússia na década de 1990, Boris Yeltsin, estava disposto a dar mais liberdade ao povo. Tudo isso significou que, quando o ex-agente da KGB Vladimir Putin chegou ao poder na virada do milênio, ele teve que tentar recolocar na garrafa um pouco do leite que havia sido derramado.

---

* *Firewall* é um dispositivo de segurança que monitora o tráfego de entrada e saída de dados, podendo liberá-los ou bloqueá-los de acordo com um conjunto definido de regras de segurança. O nome em inglês se refere às portas corta-fogo que evitam a propagação de chamas em prédios. No original, o autor usa um trocadilho entre a Grande Muralha da China (*Great Wall*) e *firewall*. (N. T.)

CAPÍTULO QUATRO: QUEM CONTROLA A INTERNET GLOBAL? 141

Vimos em parte como Putin tentou fazer isso, mas a nossa história só nos levou até meados da década de 2010. Avançando para 2019, uma das mudanças mais significativas que a Rússia poderia fazer na internet do país foi implementada.

Em maio de 2019, Putin anunciou a RuNet, uma internet soberana, desconectada do resto do mundo. Ela fazia parte de uma lei nacional mais abrangente em relação à internet, que entrou em vigor em novembro de 2019.

O princípio por trás da RuNet envolvia três elementos fundamentais: primeiro, o hardware de espionagem de pacotes seria instalado nas redes de empresas para ampliar a permissão que o Estado tinha para verificar o que estava sendo dito online. As autoridades também receberam poder para centralizar o controle da internet, enquanto o terceiro elemento criou um Sistema de Nomes de Domínio (DNS em inglês) nacional por meio do qual a Rússia poderia garantir que ninguém dentro de suas fronteiras pudesse acessar facilmente sites proibidos (acredita-se que a Rússia tenha apenas 10 pontos de troca de tráfego de internet* públicos onde o país se conecta online ao resto do mundo).

Esse DNS era o elemento-chave do plano maior para a RuNet: a Rússia manteria essencialmente uma cópia da internet global, que ela poderia controlar e através da qual poderia ditar aquilo a que os usuários teriam ou não acesso dentro das fronteiras do país. Mas manter uma cópia de segurança modificada da internet por onde encaminhar o tráfego de milhões de pessoas — sete em cada oito russos estão agora online, um cenário distante dos primórdios da internet no país — é bem difícil. Em 24 de dezembro de 2019, a Rússia afirmou ter testado com sucesso a desvinculação da internet global e já não precisava estar conectada ao resto do mundo.

O anúncio, que foi apenas um teste, foi recebido com horror pelo mundo livre. Foi um sinal de que a Rússia estava dando as costas ao resto do planeta e causou preocupação com a ascensão da *splinternet*, ou a balcanização da esfera digital, onde todos se separam dentro de seus próprios mundos e ninguém interage.

---

* Um ponto de troca de tráfego de internet é um serviço que funciona como um componente da infraestrutura da internet, pelo qual provedores de acesso (ISPs), instituições acadêmicas, financeiras e governamentais, entre outros tipos de redes, podem se interligar diretamente para trocar tráfego de dados de internet. (N. T.)

A HISTÓRIA DA INTERNET PARA QUEM TEM PRESSA

O teste da RuNet permitiu que a Rússia se sentisse mais confiante em proibir o acesso a inúmeros sites — o que o Estado russo tomou coragem de fazer para reprimir divergências após a invasão da Ucrânia no início de 2022. No final de fevereiro e comecinho de março, a Rússia bloqueou o acesso ao Twitter devido ao receio de que a rede social estivesse sendo usada para espalhar opiniões contrárias à guerra.

As reações dos internautas russos à invasão da Ucrânia, incluindo a organização de protestos e o compartilhamento de imagens de piquetes montados nas ruas das cidades russas, levaram ainda mais o país a reprimir a liberdade de expressão. Seis meses depois de os soldados russos terem pisado na Ucrânia, o órgão regulador estatal Roskomnadzor bloqueou o acesso a 138 mil websites, incluindo Facebook, Twitter e Instagram. Outros deixaram de atender o mercado russo: no início de março de 2022, o TikTok parou de permitir a publicação de novos conteúdos no aplicativo dentro da Rússia.

A repressão aos websites foi uma tentativa da Rússia de se fechar em seu próprio mundo. "Tudo isso é uma questão de controle de informações", me disse Alena Epifanova, pesquisadora do Conselho Alemão de Relações Exteriores, uma ONG de política externa que estudou a censura e a infraestrutura da internet na Rússia. "Eles temem informações."

A cada passo, a Rússia corre o risco de se tornar mais parecida com a China — embora o líder do país provavelmente veja isso como uma coisa boa.

SPLINTERNETS: CHINA

Uma das coisas que se aprende rapidamente a respeito da história da internet é que cada momento importante geralmente está atolado em fracassos. Tal como a primeira mensagem enviada entre duas instituições acadêmicas em 1969 falhou e desapareceu antes de funcionar plenamente, o nascimento da internet chinesa teve um início igualmente calamitoso.

Era dia 14 de setembro de 1987, e uma equipe de cientistas alemães desembarcou em Pequim para assinalar um momento fundamental para a China. Nascido na Alemanha Ocidental, Werner Zorn tinha ajudado a colocar seu país natal na internet e viu uma oportunidade de fazer o mesmo pela China. Ele havia participado de um projeto para construir um supercomputador, parcialmente financiado pelo Banco Mundial, concebido para tentar preencher o que era visto como uma lacuna de 20 anos entre os avanços tecnológicos do Ocidente e da China. (Mal sabíamos na época que o suposto país tecnologicamente atrasado rapidamente ultrapassaria o Ocidente.) Zorn trabalhou com um homólogo chinês, Wang Yunfeng, para conectar a China à internet global. E um e-mail enviado por Wang naquele dia de setembro de 1987 marcaria a chegada da China ao mundo online.

"Através da Grande Muralha, podemos chegar a todos os cantos do mundo", escreveu Wang em inglês (o supercomputador só podia receber entradas de dados em alemão ou inglês àquela altura). "Este é o primeiro CORREIO ELETRÔNICO supostamente enviado da China para as redes científicas internacionais através de interconexão de computadores."

Houve apenas um problema: devido a uma série de falhas, a entrega do e-mail demorou seis dias. Ainda assim, a China estava conectada à internet. Mas, ao contrário da Rússia recentemente aberta, que estava interessada em abraçar o capitalismo e a promessa da internet, as autoridades chinesas permaneceram reticentes.

A China aproveitou a experiência americana para construir a internet do país, mas à sua maneira. Na década de 1990, a empresa americana de telecomunicações Sprint ajudou a construir a ChinaNet, a primeira rede chinesa de internet fora do sistema educacional. Mas a Sprint acabou crescendo o olho mais do que deveria e foi expulsa da infraestrutura de internet da China em meados da década de 1990.

Em 1994, quando a Rússia decidiu entrar de cabeça na internet, apenas 2 mil dos 1,2 bilhão de habitantes da China estavam online: um erro de arredondamento. Em parte, a situação era essa porque os líderes chineses não eram ignorantes. Eles viram a promessa da internet e o que ela estava fazendo na Rússia, e não queriam participar daquela revolução. O protesto na Praça da Paz Celestial, uma rebelião de seis semanas liderada por estudantes contra o sistema de governo chinês, aconteceu menos de dois anos depois de o primeiro e-mail ter sido enviado da China e serviu como um sinal de alerta para o Partido Comunista. A internet era um lugar a ser domado, pensaram os dirigentes do PC; se mais pessoas tivessem tido acesso à internet naquela época, os protestos poderiam ter se espalhado rapidamente.

O primeiro-ministro chinês, Li Peng, agiu rapidamente na década de 1990 para garantir que isso não aconteceria sob seu comando. Em 1º de fevereiro de 1996, o líder da China assinou a Ordem 195 do Conselho de Estado, intitulada "Regulamentos temporários que regem as redes computadorizadas

144 A HISTÓRIA DA INTERNET PARA QUEM TEM PRESSA

de informação e a internet". Ela colocaria a China num caminho totalmente diferente de grande parte do resto do mundo em relação à adoção da web.

A Ordem 195 permitiu, um ano depois, em 1997, que o Ministério da Segurança Pública do país promulgasse leis envolvendo a internet que se destinavam principalmente a proibir seu uso como ferramenta para "incitar à derrubada do governo ou do sistema socialista".

E caso não fosse possível confiar no povo chinês para fazer isso por conta própria, o Estado ajudaria com um regime maciço de censura, cuja manutenção é estimada hoje em 20 bilhões de dólares por ano.

CENSURA NA CHINA

O Grande Firewall da China — uma expressão usada pela revista *WIRED* para descrever a enorme censura estatal da internet no país — circunda o ciberespaço chinês. Ele funciona como uma muralha destinada a impedir a entrada no país de qualquer informação considerada antipatriótica ou contrária aos objetivos do Estado. Isso significa que hoje na China a pessoa encontrará bem poucas reportagens ocidentais a respeito da Praça da Paz Celestial — se é que encontrará alguma. O internauta não encontrará muitas reportagens a respeito do massacre de muçulmanos uigures na província de Xinjang — idem. E os sites ou mecanismos de pesquisa que ajudam a direcionar o usuário para tais informações são interrompidos no caminho: não conseguem sequer colocar o dedo do pé na porta.

O firewall funciona simplesmente espionando todos os dados que entram e saem do país. Esses dados são divididos em pacotes, e à medida que cada um deles passa pelos pontos de conexão física que ligam a China à internet global (são poucos, surpreendentemente: dá para contar nos dedos de uma mão os pontos por onde passa a maior parte dos dados destinados à China), os pacotes são submetidos a uma varredura.

Encare como a segurança de um aeroporto: sites e dados são a bagagem de mão. Cada volume precisa passar pelo raio x para que o conteúdo seja examinado — e se algo proibido for identificado... Na realidade, isso significa que um site considerado suspeito simplesmente não será conectado se um usuário chinês tentar direcionar o navegador para ele. Digite Wikipedia.org (que está bloqueado na China continental desde abril de 2019) em um navegador no país e aparecerá uma mensagem de erro, sem quaisquer explicações sobre o motivo.

Mas para qualquer coisa dentro do castelo online da China, ou para qualquer intruso que consiga de alguma forma encontrar uma fenda no firewall e invadir, o aparato de infraestrutura da internet chinesa também trabalha para ajudar o Estado. Os ISPs e as empresas — incluindo plataformas de redes sociais e websites que operam na China — também aderem às regras que mantêm o sistema socialista em vigor.

O presidente dos EUA na época, Bill Clinton, achou que colocar uma coleira tão forte em algo tão vasto como a internet nunca funcionaria. "Não há dúvida de que a China tem tentado reprimir a internet", disse ele num conclave em Washington em 2000. "Boa sorte", riu Clinton. "Isso é como tentar pregar gelatina na parede."

No entanto, foi exatamente isso que a China conseguiu fazer: algo que a maioria das pessoas considerava impossível. Ainda assim, um pouco de gelatina escorreu.

Censura Estilo Gato e Rato

Desde 1997, o dissidente chinês Li Hongkuan tem tentado passar pelo Grande Firewall.

Li, que completou 60 anos em 2023, participou dos protestos na Praça da Paz Celestial em 1989 e há muito tempo considera perigosa a maneira como a China é governada. Sua forma de subverter as grandes ferramentas de censura da internet por lá é uma que já encontramos antes: spam de e-mail.

Li conseguiu montar um enorme banco de dados de endereços de e-mail — chegando a centenas de milhares na época em que a internet chinesa ainda era usada por menos de 2 milhões de pessoas —, que colocou em prática em 1997 quando lançou o Da Cankao (traduzido como "Referência VIP"). É uma coleção de artigos que jamais seriam compartilhados pelos meios de comunicação oficiais chineses por causarem uma má impressão em relação ao Estado ou por mostrarem a vida fora da China de uma forma positiva, que são reunidos e compartilhados por e-mail.

O dissidente optou propositalmente por enviar spam aos usuários porque, segundo ele, havia segurança na escala da operação. Se alguém fosse pego com

146 A HISTÓRIA DA INTERNET PARA QUEM TEM PRESSA

uma cópia do Da Cankao na caixa de entrada, poderia alegar que não havia solicitado aquilo; o Da Cankao tinha sido recebido espontaneamente.

Mais espalhafatosa foi a entrada de mecanismos de pesquisa ocidentais como o Yahoo! e o Google, que chegaram à China em setembro de 1999 e setembro de 2000, respectivamente. Pareceu uma escolha sensata e óbvia para as empresas: em julho de 2001, a China tinha apenas 25 milhões de internautas.

Enquanto o Yahoo! lutava para competir com os concorrentes chineses, o Google avançou e conquistou mais ou menos um quarto do mercado chinês de buscas em 2002. Mas o sucesso não duraria: o site foi bloqueado no final daquele ano, até ser totalmente banido em 2003. Nesse período, o Baidu, um concorrente local, conseguiu prosperar.

As gigantes ocidentais de tecnologia sempre firmaram uma aliança incômoda com o Estado chinês. A razão? A exigência de que as empresas de tecnologia que operam na China assinem o Compromisso Público de Autodisciplina para a Indústria Chinesa da Internet, que foi apresentado em 2002. O documento exigia que as empresas de tecnologia que operam na China "monitorem proativamente as informações divulgadas pelos usuários em sites de acordo com a lei e removam as informações prejudiciais imediatamente".

Isso criou uma situação desagradável para as empresas ocidentais de tecnologia, que aderiam fielmente a um ideal libertário. Em 2005, o Yahoo! vendeu sua subsidiária chinesa a um ex-professor de inglês chamado Jack Ma, que desde 1999 dirigia uma empresa de comércio eletrônico chamada Alibaba, que rapidamente se tornou um conglomerado. Em janeiro de 2006, o Google retirou o mecanismo de pesquisas Google.com da China e substituiu por um mecanismo específico para o país, o Google.cn, que se submeteu às exigências de censura do Estado. Entretanto, foi muito pouco e tarde demais. O Baidu já havia conquistado, em 2006, mais de 50% do mercado.

Mas o Google seguiu aos trancos e barrancos na China. Ele persistiu na tentativa de apresentar o YouTube ao público chinês, mas era regularmente desconectado ou bloqueado. Em março de 2009, o YouTube foi totalmente banido porque tinha sido utilizado por ativistas para compartilhar vídeos de brutalidade policial no Tibete. Em dezembro de 2009, a empresa percebeu que hackers chineses, provavelmente trabalhando para o governo, haviam invadido seus servidores e rastreado pessoas consideradas inimigas do Estado

CAPÍTULO QUATRO: QUEM CONTROLA A INTERNET GLOBAL? 147

por mais de um ano, vasculhando contas do Gmail e montando uma imagem de redes dissidentes. Foi a gota d'água. Em 12 de janeiro de 2010, o Google anunciou que pararia de censurar os resultados de pesquisa. O Estado chinês interveio, restringindo o acesso ao site e impedindo as pessoas de verem resultados de pesquisa com os quais o governo não concordava. O Google demonstrou princípios — e apesar de ter pensado em retornar à China no final da década de 2010, basicamente saiu de cena.

ACESSANDO A INTERNET ILICITAMENTE

Incapazes de confiar que as empresas ocidentais que entrassem na China não fariam concessões a seus ideais para cumprir as regras locais, os internautas chineses que procurassem a verdade e quisessem mais do que a coleção de reportagens organizadas pelo Da Cankao tinham que ir a outros lugares. Eles precisavam fugir virtualmente do Grande Firewall e depois retornar de mansinho — sem serem detectados.

Várias ferramentas podiam ajudar. Em 2001, Bill Xia, um seguidor do Falun Gong* nascido na China que residia nos EUA, juntamente com várias outras pessoas com ideias semelhantes, adaptou uma ferramenta chamada FreeNet — que permitia hospedagem de conteúdo na *dark web*** — para funcionar para usuários chineses. (Os seguidores do movimento espiritual Falun Gong são vistos como uma pedra no sapato da China porque não seguem o roteiro que o Partido Comunista apresenta a respeito do país.) A FreeNet China foi lançada em 2001 e se espalhou para milhares de usuários por intermédio de trocas clandestinas de disquetes, nos quais a ferramenta podia ser armazenada. Mas Xia e os demais queriam criar uma ferramenta própria: a DynaWeb surgiu em 2002, reunindo enormes listas de servidores *proxy* através dos quais os cidadãos chineses podiam se conectar à internet em geral.

---

* Prática espiritual chinesa que combina meditação e exercícios com uma filosofia moral centrada nos princípios da verdade, compaixão e tolerância. (N. T.)

** Parte da internet acessível apenas a navegadores específicos ou por meio de configurações de rede específicas, cujo conteúdo não é indexado por mecanismos de pesquisa e que requer software especial ou autorização de acesso. A *dark web* ou *deep web* foi projetada para fornecer anonimato, mantendo a comunicação privada por meio de criptografia e roteamento de conteúdo através de vários servidores da web. (N. T.)

148 A HISTÓRIA DA INTERNET PARA QUEM TEM PRESSA

Servidores *proxy* são ferramentas simples: considere algo como camuflar material proibido dentro de um livro inofensivo. Para alguém que esteja de olho, parece que a pessoa traz consigo um exemplar de um best-seller água com açúcar, mas dentro das páginas estão escondidos documentos capazes de derrubar um governo. Servidores *proxy* atuam como intermediários que recebem a solicitação de um usuário na China para visitar um site proibido, visitam o tal site e repassam as informações contidas nele, tudo sem o conhecimento dos censores. A DynaWeb ganhou o reforço de concorrentes como FreeGate e UltraSurf, todos projetados para contornar as verificações chinesas em relação ao tráfego da internet.

Os *proxies* atuaram como precursores das redes privadas virtuais (VPNs em inglês), que operam de maneira semelhante e são de uso mais comum hoje na China. (As VPNs também são usadas por muitos usuários em Estados não vigiados para, por exemplo, obter acesso a filmes ou programas disponíveis na versão da Netflix de um país diferente.)

A INTERNET CHINESA HOJE

Não há exemplo melhor de uma *splinternet* em grande escala do que a internet chinesa, que funciona paralelamente à internet ocidental que a maioria de nós conhece, porém completamente alienada dela. Os nomes, sites e aplicativos tradicionais que usamos simplesmente não existem na China, mas há fac-símiles locais. E não é mais o caso de a China estar apenas nos copiando: como visto, o TikTok é uma imitação de um aplicativo chinês, o Douyin.

A ascensão do TikTok preocupa alguns radicais de direita anti-China nos Estados Unidos, no Reino Unido e na Europa. Mas a realidade é que é pouco provável que um único aplicativo seja um cavalo de Troia para uma tentativa maior da China de derrubar a hegemonia da internet.

A luta pelo futuro da internet provavelmente terminará em um impasse: o Estado chinês não está disposto a aceitar a chegada de aplicativos ocidentais que tragam a promessa de liberdade, da mesma forma que a chegada da música pop, dos jeans Levi's e do McDonald's fez com a União Soviética na década de 1980. Basta olhar para um discurso que o atual presidente chinês, Xi Jinping, fez na Conferência Nacional de Trabalho, Propaganda e

CAPÍTULO QUATRO: QUEM CONTROLA A INTERNET GLOBAL? 149

Ideologia, em agosto de 2013, para obter provas da má vontade da China em ceder nesse aspecto:

> As forças ocidentais anti-China têm tentado constantemente e em vão explorar a internet para derrubar a China... A segurança ideológica e política de nosso país depende diretamente de resistirmos e vencermos essa batalha.

E, por outro lado, os governos reunidos do Ocidente não estão dispostos a permitir que nomes conhecidos da internet chinesa fiquem muito à vontade, pelo mesmo motivo.

Os países democráticos também têm receios em relação à existência contínua da internet altamente censurada da China — em parte porque ela submete a população chinesa a uma vida sob controle, mas também porque sua presença incentiva outras nações a seguirem os passos do país, espalhando o autoritarismo e a censura.

Essa questão é especialmente preocupante para o Ocidente, dadas as já fortes ligações entre a China e o continente com o maior recurso inexplorado de futuros usuários ainda não conectados à internet: a África. O *soft power* chinês, que financia projetos de infraestrutura nos principais países africanos, bem como fornece conhecimentos especializados diretamente de Pequim, ameaça moldar a internet no continente de uma forma mais controlada e menos democrática do que aquela a que a maioria dos leitores deste livro está habituada — e isso poderia alterar a percepção a respeito da finalidade e do funcionamento da internet.

A Luta Pelo Futuro

Essa batalha pelo futuro da internet é muito conhecida por aqueles que estão mais intimamente ligados ao seu passado, presente e futuro. Assim como J.C.R. Licklider comparou o controle da internet ao controle do alto-mar, as figuras totêmicas de hoje no espaço da internet também reconhecem o que está em jogo.

Em julho de 2019, Mark Zuckerberg realizou diversas reuniões com os funcionários do Facebook (que mais tarde se tornaria Meta). As reuniões foram concebidas para permitir que os funcionários questionassem o presidente da empresa a respeito de sua visão para o futuro — e expressassem suas preocupações. Em uma dessas reuniões, um integrante da equipe perguntou a Zuckerberg se ele estava preocupado com a ascensão do TikTok.

A resposta de Zuckerberg foi ao mesmo tempo reveladora e indicativa da batalha mais ampla pelo futuro da internet que está sendo travada não apenas por reguladores e políticos, mas por executivos de empresas de tecnologia do Vale do Silício que se habituaram a estar no controle.

O TikTok está indo bem. Uma coisa que é especialmente notável a respeito do TikTok é que, por certo tempo, o cenário da internet foi meio que composto por empresas de internet que eram basicamente empresas americanas. E depois surgiu esse universo paralelo de empresas chinesas que praticamente só ofereciam seus serviços na China. E tínhamos a Tencent que estava tentando espalhar alguns de seus serviços no Sudeste Asiático. O Alibaba espalhou vários de seus serviços de pagamento pelo Sudeste Asiático.

De modo geral, em termos de expansão global, isso tem sido bastante limitado, e o TikTok, que é construído por essa tal empresa Beijing ByteDance, é realmente o primeiro produto de consumo da internet construído por um dos gigantes chineses da tecnologia que está tendo um bom desempenho no mundo inteiro.

A habilidade do TikTok de se espalhar pelo planeta também não escapou dos olhos de políticos preocupados com a influência chinesa. Um ano depois de Zuckerberg ter respondido as perguntas de seus funcionários, a Índia proibiu o aplicativo junto com várias dezenas de outras nações por causa de uma disputa na fronteira com a China.

Não foi a primeira nem a última vez que a internet e as preocupações geopolíticas colidiriam. Um ano depois, Donald Trump fez do TikTok seu principal oponente nas eleições presidenciais dos EUA em 2020 e prometeu proibir o aplicativo, um alicerce de sua campanha. Isso não funcionou em nenhuma das frentes: Trump perdeu a eleição, e depois seu governo perdeu o processo judicial movido pelo TikTok para evitar o bloqueio.

A luta também não acabou. O TikTok ainda é visto por algumas pessoas como um vassalo do Estado chinês, um cavalo de Troia enviado para nos atrair com vídeos engraçados e, com o toque de um botão, nos transformar em soldados de infantaria do PC chinês que sabem citar o Pequeno Livro

Vermelho. As preocupações envolvendo a integridade dos dados dos usuários levaram a Comissão Europeia, os Estados Unidos e o Canadá a banir o TikTok de dispositivos governamentais no início de 2023.

No momento em que este livro foi escrito (2023), o Reino Unido tinha acabado de seguir um caminho semelhante e baniu o TikTok de dispositivos governamentais. Um grupo bipartidário de políticos dos EUA quer ir mais longe: banir o aplicativo de todos os telefones, não apenas dos funcionários do governo. Está claro, pelas lentes do TikTok, que o futuro da internet continua em disputa.

CAPÍTULO CINCO

Como a Web 2.0 e a Internet Fizeram de Nós o que Somos

Compras Online

Jeff Bezos era um executivo de banco de investimentos entediado antes de fundar a Amazon em julho de 1994. Na época vice-presidente da gestora de investimentos de Wall Street D. E. Shaw & Co., Bezos decidiu cruzar o país até Seattle, no Estado de Washington, para começar do zero. Apesar de ter considerado chamar o site de MakeItSo.com — em homenagem ao bordão usado por um personagem de TV que ele adorava, Jean-Luc Picard, de *Star Trek* —, o empreendedor optou por um nome diferente. Mas não é aquele que todos nós conhecemos hoje.

A Cadabra Inc., como a companhia foi inicialmente batizada, foi criada e administrada na casa alugada de Bezos. O nome mudou quando algumas pessoas que não entendiam bem o nome começaram a questionar se ele estaria vendendo cadáveres. Bezos acabou optando por "Amazon" porque a escala do grande Rio Amazonas correspondia às ambições que ele tinha para a empresa.

Outra coisa que mudou? O que Bezos queria comercializar. Ao fundar a empresa, o executivo de investimentos considerou a venda de cinco produtos populares: livros, vídeos (fitas VHS), CDs e hardware e software de computador. Mas Bezos decidiu focar nos livros — e levou um ano para consolidar

Um *print screen* da página inicial da Amazon de agosto de 1995.

o negócio. (Vale a pena dizer que alguns dos primeiros funcionários contestam esse mito a respeito da fundação e acreditam que Bezos sempre quis abrir um negócio baseado em livros. Foi por isso, dizem, que ele escolheu Seattle como sede da empresa: havia grandes armazéns e editoras nas proximidades.)

A Amazon abriu as portas online em 16 de julho de 1995, de acordo com a empresa, mas um teste beta com alguns formadores de opinião no setor de tecnologia selecionados já estava em andamento havia alguns meses. O primeiro livro vendido foi *Fluid Concepts and Creative Analogies: Computer Models of the Fundamental Mechanisms of Thought*,* de Douglas Hofstadter, em 3 de abril de 1995, para John Wainwright, um famoso cientista da computação que morava na época na Av. Alexander, 215, em Los Gatos,

---

* "*Conceitos fluidos e analogias criativas: modelos computacionais dos mecanismos fundamentais do pensamento*", em tradução livre. (N. T.)

na Califórnia. O primeiro livro usado? *Fisher's Hornpipe,* * de Todd McEwen, que foi entregue em mãos ao comprador — um colega de quarto de Glenn Fleishman, um dos primeiros funcionários da Amazon, que viria a se tornar jornalista, editor e escritor. (Sendo totalmente transparente: Fleishman comprou só para testar a qualidade do serviço.)

Bezos se tornou o representante de uma nova e moderna mudança na sociedade: o empreendedor pontocom; aquele que tem uma única indumentária como marca registrada (a de Bezos eram simples camisetas azuis, que ficavam penduradas no escritório dele) e mitifica suas origens humildes (o grande artifício publicitário de fundação da Amazon — que é verdade — de que a empresa instalou os funcionários em mesas feitas de portas apoiadas em pés de madeira).

E quanto a John Wainwright? Sem querer, ele provocou o próprio impacto na empresa de comércio online: um dos edifícios da Amazon ainda hoje se chama Wainwright, em agradecimento ao interessado comprador. Outro nome que se vê muito nos *campi* da Amazon é Rufus. Era o nome de um corgi que pertencia a dois dos primeiros funcionários, Susan e Doug Benson. Rufus era querido por sua estupidez.

Não é nenhum segredo que a Amazon é hoje uma empresa de 1 trilhão de dólares que vende muito mais do que livros. Um marketplace que abraça desde mercearias a salões de cabeleireiro. Administra a Amazon Web Services, que fornece armazenamento e hospedagem em nuvem para algumas das maiores empresas do mundo — incluindo muitas nas quais você entra todos os dias. Emprega mais de 1,5 milhão de pessoas no mundo inteiro. É uma diferença gritante se levarmos em conta a primeira semana de vendas da Amazon em abril de 1995, que totalizou 12.438 dólares. Só para se ter uma ideia: na edição de 2022 do Prime Day, a farra anual de vendas da empresa, a Amazon realizou esse montante em cerca de 0,2 segundo.

O que Bezos enxergou em 1994 e 1995 foi o enorme potencial das compras online. Hoje, no Reino Unido, praticamente uma em cada 4 libras é gasta online, de acordo com o Office for National Statistics. Nos EUA, são quase 15%. Ambas as estatísticas foram aceleradas significativamente pela pandemia, mas a conveniência do comércio 24 horas por dia, 7 dias por semana,

---

* *"A dança caipira de Fisher"*, em tradução livre. *Hornpipe* é um estilo de dança caipira da Inglaterra do século 16, e o protagonista é um violinista chamado William Fisher. (N. T.)

da entrega rápida e das devoluções descomplicadas significa que cada vez mais pessoas estão comprando online.

Fazendo Pagamentos

Mas para comprar, é preciso ter uma forma de fazer pagamentos online. A primeira compradora "online" fez compras antes mesmo da web existir — na verdade, antes mesmo que a maioria das pessoas estivesse conectada à internet. O mais estranho é que ela não era a jovem pesquisadora acadêmica com conhecimentos de informática que era de se esperar que se enquadrasse no perfil.

No entanto, isso mudaria. A Pizza Hut reivindica ser a dona do primeiro item físico comprado pela internet, um ano antes da Amazon fazer a primeira venda, em 1994. A pizza foi comprada através da PizzaNet, a plataforma de pedidos online da empresa, e era uma pizza grande de calabresa e cogumelos com queijo em dobro.

Mas essas primeiras compras online foram difíceis de fazer. Muitos dos primeiros usuários da web ficavam preocupados em fornecer os dados do cartão de crédito pela internet. A Netscape, criadora do Navigator, tentou acalmar esses receios ao desenvolver um protocolo (ou conjunto de regras)

A Primeira Loja Online

Jane Snowball era uma avó de 72 anos que morava em Gateshead, Inglaterra, quando comprou um pote de margarina, um pacote de flocos de milho e ovos em maio de 1984. A compra foi intermediada pela internet, mas Jane não tinha um computador. Ela usou um aparelhinho conectado à televisão chamado Videotex. Ele efetivamente transformava a TV em um terminal de computador e mostrava uma lista de mais de mil mantimentos que Jane poderia comprar no supermercado Tesco local.

Jane foi a cobaia do Gateshead Shopping Experiment, que se tornaria um serviço de compras online, pois havia fraturado o quadril recentemente e estava presa em casa. Comprar itens sem precisar sair de casa fazia sentido para Jane. Ela pagava o motorista na porta, afinal, na época, não era comum a capacidade de processar pagamentos pela internet.

156 A HISTÓRIA DA INTERNET PARA QUEM TEM PRESSA

para processar dados que garantiram que as informações financeiras não pudessem ser espionadas. O SSL (Secure Sockets Layer) foi uma invenção do criptógrafo egípcio Taher Elgamal em 1995. Acabou sendo substituído pelo TLS, que já vimos neste livro (pág. 36).

Vários serviços especializados em processamento de pagamentos foram fundados na mesma época, incluindo GlobalCollect, Authorize.net e Bibit. Mas, invariavelmente, eles ainda vinculavam diretamente as compras online a contas bancárias — o que deixava alguns usuários ressabiados. Seria necessária a invenção de uma tecnologia mais segura, que mais tarde se tornaria conhecida como PayPal, para dar início às compras online pra valer.

Antes de ser uma empresa, o PayPal era um produto. Era administrado pela Confinity, uma start-up de segurança criada por Peter Thiel, Max Levchin e Luke Nosek, que desde então se tornaram conhecidos como parte da Máfia do PayPal, em dezembro de 1998. A Confinity inicialmente produzia ferramentas que poderiam proteger PDAs, ou assistentes digitais pessoais* e outros dispositivos portáteis, mas como o negócio não estava funcionando, eles se concentraram na criação de uma carteira digital que a pessoa pudesse usar para pagar itens online, chamada PayPal.

Ao mesmo tempo, o empreendedor sul-africano Elon Musk e alguns dos seus pares lançaram o X.com, um banco online. Em março de 2000, as duas empresas se fundiram ao perceber que a união fazia a força.

Nascia a empresa PayPal, e Musk foi o CEO. Ela logo se interligou a sites de compras online e foi vendida em outubro de 2002 para o eBay, um site de leilões online criado por Pierre Omidyar em setembro de 1995, por 1,5 bilhão de dólares. Para muitas pessoas, o eBay *era* sinônimo de compras online.

Apesar de ninguém ter visitado o site no primeiro dia de operação, a notícia se espalhou depressa. O fundador decidiu se dedicar em tempo integral ao eBay no meio do ano de 1996, quando o site faturava 10 mil dólares por mês. No fim daquele ano, quase mil leilões eram realizados todos os dias no eBay. A facilidade de pagamentos pelo PayPal — e o fato de que qualquer

---

* Antes do surgimento dos smartphones, os PDAs — também conhecidos como palmtops ou handhelds — eram essencialmente computadores de bolso com capacidade de gerenciar agenda, documentos, e-mails e, em modelos mais avançados, navegação rudimentar na internet. (N. T.)

CAPÍTULO CINCO: COMO A WEB 2.0 E A INTERNET FIZERAM DE NÓS O QUE SOMOS   157

dinheiro em uma conta PayPal poderia, em teoria, ser transferido para a conta bancária — ajudou a impulsionar a economia de vendas online.

A Morte do Comércio de Rua e da Economia Informal

A história da internet — e o papel das compras online nela — está interligada com o destino do comércio de rua ou "varejo físico". Quase 50 lojas fecham por dia no Reino Unido graças à queda do movimento. Em geral, as pessoas ainda preferem comprar em lojas físicas; 41% dos americanos dizem que preferem a experiência física, em comparação com os 29% que preferem compras online, mas é, sem dúvida, uma experiência mais conveniente encomendar o que gostamos e ver a mercadoria chegar perfeita à nossa porta.

Contudo, as pessoas que entregam nossas compras e nossas refeições online são quase sempre trabalhadores mal remunerados, empregados na chamada economia informal (incluam-se aí os motoristas de aplicativo que nos levam pra lá e pra cá).

Motoristas de entregas, muitas vezes dirigindo vans com nomes de empresas como a Amazon, circulam pelas ruas da cidade e enfrentam as estradas.

A logística das compras online impactou de forma definitiva o trânsito: a variação percentual da distância percorrida por vans disparou em comparação com carros e outros meios de transporte. Algumas cidades registraram mudanças significativas nos padrões de trânsito devido às compras online e estão tentando combater o flagelo dos motoristas de entregas online com a proibição de circulação no Centro das cidades.

O mesmo acontece com quem lida com pacotes e cartas. Embora empresas como a Amazon tenham frota própria, os serviços de correio geralmente entregam compras online de tudo quanto é empresa. Entre 2010 e 2020, o número de cartas processadas anualmente pelo Serviço Postal dos Estados Unidos caiu 30%, de 169,2 bilhões para 121,8 bilhões de cartas. Ao mesmo tempo, o número de encomendas entregues aumentou de 1,4 bilhão por ano para 7,3 bilhões.

As compras online são uma daquelas formas tangíveis pelas quais a internet mudou o nosso mundo físico — e alguns diriam para melhor.

A Exclusão Digital

Muitos serviços importantes — desde o pagamento e retirada de dinheiro dos bancos até a requisição de passaportes e serviços governamentais — acontecem agora online. Isso é superconveniente quando funciona e se a pessoa tiver uma conexão confiável de internet ou se sentir à vontade com o uso da tecnologia.

Mas nem todos querem participar dessa marcha incessante. A exclusão digital é o abismo crescente entre aqueles que podem ou querem passar grande parte da vida online e aqueles que não podem ou não querem.

Embora seja classificada como uma divisão única, a exclusão digital é na verdade uma série de grandes rachaduras, como acontece quando um objeto pontiagudo perfura uma camada de gelo e cria milhares de pedacinhos. Em termos gerais, há uma linha que divide aqueles que levam a vida em smartphones e/ou notebooks e aqueles que não levam. Tal escolha é comum (mas nem sempre uma opção) no mundo rico e desenvolvido, entretanto, nas regiões em desenvolvimento/subdesenvolvidas essa divisão ocorre de maneira mais óbvia entre aqueles que podem ter um smartphone e uma conexão confiável à internet e aqueles que não podem. Opção aqui não é o caso.

No mundo, 3,2 bilhões de pessoas vivem em regiões que têm acesso a redes de banda larga móvel, mas não assinam um serviço de banda larga móvel, de acordo com a GSMA, um órgão da indústria da telefonia móvel. Isso significa que quatro em cada 10 pessoas estão forçosamente excluídas.

Até mesmo ter um simples smartphone não é dado como certo nos dias de hoje. Meus pais não possuem smartphone: em vez disso, eles optaram por usar o que a indústria chama de "celular básico", ou não-smartphones, que podem ligar, enviar mensagens de texto e navegar na internet sem imagens, em sites projetados especialmente para celulares. Eles não estão sozinhos — a GSMA afirma que cerca de um quarto da população mundial também não tem um smartphone. As proporções variam de acordo com a localidade: na América do Norte, a adoção de smartphones é de 82%. Na China, 77%. Na África Subsaariana, apenas 64%.

A falta de um smartphone na vida dos meus pais faz com que os links que o consultório odontológico envia para eles por mensagem de texto, a fim de preencher um formulário online antes da consulta, não funcionem; o cardápio por QR code na mesa do restaurante e o pagamento via aplicativo não são

CAPÍTULO CINCO: COMO A WEB 2.0 E A INTERNET FIZERAM DE NÓS O QUE SOMOS 159

acessíveis; e as menores taxas de juros oferecidas pelos bancos a clientes como eles não estão disponíveis, afinal são apenas para quem contrata via app.

Isso é bastante irritante, mas lembre-se: o brutal aumento das compras online e a exigência de se realizar tudo via aplicativo significa que as lojas físicas estão fechando em ritmo sem precedentes. Os Estados Unidos perderam quase uma em cada 10 de todas as agências bancárias físicas entre 2017 e 2021. No Reino Unido, mais de duas agências bancárias fecharam por dia em 2021. A revolução digital pode ser ótima — a menos que a pessoa esteja presa do lado errado do abismo. E isso pode ser sentido em todas as partes da vida... inclusive no amor.

Vida e Amor na Internet

O namoro online é um grande negócio — e é mais antigo do que se imagina. Embora os computadores venham analisando respostas a questionários para tentar encontrar a alma gêmea dos interessados desde a fundação do Happy Families Planning Services, uma ideia de alunos da Universidade de Stanford em 1959, o primeiro serviço real de namoro online no idioma inglês foi chamado de Matchmaker Electronic Pen-Pal Network, lançado em 1986. Ele usava quadros de avisos para conectar pessoas com interesses semelhantes em busca do amor.

O quadro de avisos acabou se tornando Matchmaker.com, com sede própria online. Ele acabou dando o tom para uma série de outros sites de namoro online nos primeiros dias da World Wide Web: o Kiss.com, lançado em 1994, é geralmente considerado o primeiro site de namoro moderno, mas foi o Match.com, que surgiu um ano depois, que se tornou enorme.

O Match foi idealizado por uma figura que já conhecemos: o antigo empresário da web Gary Kremen, que junto com o Match.com também era dono do Sex.com — esse bem mais descarado. O primeiro foi criado com um empréstimo de 2.500 dólares e uma afirmação ousada: "O Match.com trará mais amor ao planeta do que qualquer outra coisa desde Jesus Cristo." Em três anos, o Match.com valia 6 milhões de dólares e havia formado 200 casais que posteriormente se casaram — e foi diretamente responsável por uma dúzia de bebês. Em 1998, meio milhão de pessoas gastavam 9,95 dólares por mês ou 60 dólares por ano, e 10 mil novos integrantes se inscreviam todas as semanas.

> **Troca de Votos Online**
>
> A distribuição de mesas e assentos é uma das partes mais complicadas em uma cerimônia de casamento. Mas Stickel e Fuhrman resolveram tudo: eles renunciaram totalmente ao planejamento. Era o Dia dos Namorados de 1983 e eles estavam prestes a se casar. Stickel tinha 29 anos, Fuhrman, 23. O casal deveria trocar votos em Grand Prairie, no Texas — mas os 66 convidados estavam espalhados pelos Estados Unidos. A irmã de Fuhrman estava numa Radio Shack em Sacramento, na Califórnia. Seus pais em Phoenix, no Arizona. Todos olhavam para telas de computador conectadas ao CB Simulator da CompuServe, um dos primeiros serviços de bate-papo na internet que levava o nome do sistema de radioamador, ou CB em inglês. O casal feliz se casou no evento no Texas depois que o reverendo que presidiu as núpcias perguntou a Fuhrman: "Você, Debbie, aceita Mike como seu legítimo esposo?" Fuhrman digitou a palavra "sim", momento em que piscou "(((((((BEIJO)))))))" nas telas dos convidados.

Hoje, o Match é apenas um dos muitos serviços de namoro — e a interface voltada para a web parece obsoleta em comparação com os aplicativos que muitos usam para conhecer alguém para transar e/ou encontrar um parceiro de vida. O rei desses aplicativos, e agora propriedade do Match Group, é o Tinder, que foi lançado em 2012 numa *hackathon** realizada em West Hollywood. O princípio por trás do aplicativo era simples: ele imitava uma consulta a um baralho de cartas e foi projetado para parecer mais um jogo do que uma busca por um par perfeito. Os usuários arrastavam para a esquerda ou para a direita, dependendo de como se sentiram em relação a marcar um encontro com quem viram na tela.

Em dois anos, meio bilhão de *swipes*** aconteciam no Tinder todos os dias, resultando em 5 milhões de *matches**** a cada 24 horas. Agora, o Tinder

---
* Uma maratona de programação para desenvolvimento de soluções, aplicativos e explorar novas ideias. (N. T.)
** O jargão para o ato de arrastar para o lado o perfil de alguém no Tinder. (N. T.)
*** O jargão que significa que duas pessoas compartilharam interesse uma pela outra: "deu *match*". (N. T.)

CAPÍTULO CINCO: COMO A WEB 2.0 E A INTERNET FIZERAM DE NÓS O QUE SOMOS

fatura 440 milhões para o Match Group a cada trimestre, com 75 milhões de usuários acessando diariamente.

E há evidências de que aplicativos de namoro como o Tinder, onde a pessoa arrasta uma foto para a direita a fim de tentar dar *match*, estão se tornando mais comuns como uma forma legítima de conhecer a cara-metade. O projeto How Couples Meet and Stay Together,* da Universidade de Stanford, utiliza dados históricos em relação à forma como casais se uniram e os complementa com duas pesquisas contemporâneas, realizadas em 2009 e 2017. Em 1995, apenas 2% dos casais se conheceram online, segundo os dados. Mas em 2017, esse número tinha se transformado em 39%, deixando para trás os casais surgidos por intermédio de amigos (20%) e por encontros casuais em bares e restaurantes (27%).

Casais felizes que vivem juntos graças a um aplicativo ou a seus antecessores, os sites de namoro online, podem pensar que são pioneiros — a primeira geração de Romeus e Julietas combinados por algoritmos.

Contudo, não são os primeiros cuja história de amor incluiu a internet — nem de longe. Basta perguntar a George Mike Stickel e Debbie Fuhrman (ver quadro da página anterior).

O CB Simulator da CompuServe tinha mais em comum com empresas como o Tinder do que se imagina. O casamento de Stickel e Fuhrman foi o primeiro matrimônio virtual do mundo, mas estava longe de ser o último. Outro casal se casou em Las Vegas, e a cerimônia contou com a presença virtual de mais de 70 pessoas em 1991. Outros não se casaram por meio do serviço de bate-papo da CompuServe, mas encontraram lá a outra metade da laranja.

O CB Simulator foi fechado em 2009 quando a CompuServe parou de dar assistência ao serviço. Muitos dos casamentos duraram mais tempo — uma prova do amor verdadeiro, não importa como a pessoa o encontre.

Fandom e Ataques Concentrados

A incrível capacidade da internet de conectar pessoas não se estende apenas à criação de casais; também pode reunir todo tipo de gente com interesses mútuos, onde quer que se encontrem.

---

* "Como Casais se Encontram e Ficam Juntos". (N. T.)

O *fandom* não é uma coisa nova: as pessoas torcem para times há séculos, enquanto as estrelas do pop têm zilhões de seguidores devotados há décadas.

A moderna cultura de fãs remonta aos *trekkies*, ou fãs de *Star Trek*, que criaram fã-clubes por correio e se reuniram em conferências para devotos na década de 1960. O *fandom* prototípico de *Star Trek* conseguiu inclusive salvar a série do cancelamento em 1968, quando aficionados em um tour pelo estúdio onde a atração estava sendo filmada ouviram que ela teria vida curta. Eles então lançaram uma campanha de envio de cartas que demonstrou claramente à NBC, emissora que transmitia o programa, que *Star Trek* tinha um público fiel e comprometido.

A NBC chegou a interromper a programação para pedir aos telespectadores que parassem de escrever cartas, pois haviam decidido não cancelar o programa, afinal de contas.

E, com a chegada da internet, o *fandom* em massa recebeu uma descarga e tanto de adrenalina.

De repente, fãs espalhados pelo país e pelo mundo puderam interagir entre si. Eles poderiam trocar curiosidades e debater a devoção que nutriam. E, ao contrário dos desafios de organizar uma campanha física de envio de cartas, os *fandoms* de internet conseguiam reunir sua força coletiva de forma mais rápida e fácil do que nunca.

O poder coletivo do *fandom* é algo a ser respeitado. Quando o cantor Michael Jackson morreu aos 50 anos em 25 de junho de 2009, o falecimento imediatamente se tornou notícia de primeira página em todo o mundo. Mas o imprevisto efeito da morte do rei do pop foi o impacto que isso causou na internet.

O site de fofocas de Hollywood TMZ foi o primeiro a relatar o falecimento de MJ, e o peso dos visitantes derrubou o site. O Google — onde as pessoas procuravam informações a respeito do cantor — viu um aumento tão grande no tráfego que inicialmente pensou que se tratava de um ataque DDoS malicioso, enquanto o Twitter e a Wikipedia, dois sites onde as pessoas também procuravam atualizações a respeito do falecimento, sofreram graves interrupções repetidas vezes. De acordo com uma análise, o tráfego da web como um todo aumentou um quinto no dia da morte do rei do pop, à medida que as pessoas recorreram à internet para saber mais. Foi uma indicação de como a web se tornou central para o nosso mundo e como o entendemos.

CAPÍTULO CINCO: COMO A WEB 2.0 E A INTERNET FIZERAM DE NÓS O QUE SOMOS

Hoje, alguns dos *fandoms* mais poderosos estão no emergente mundo do K-pop, ou música pop sul-coreana. Lá, "ídolos" perfeitamente empetecados (chamo de ídolos sem ironia, pois os *fandoms* muitas vezes colocam seus heróis em um pedestal e idolatram cada movimento com uma lealdade de dar inveja a fanáticos religiosos) são elogiados por fãs eufóricos que se organizam por intermédio de plataformas como Twitter e Tumblr.

No mundo do K-pop, nenhum nome é maior que o BTS. A *boy band* foi formada em 2010 e, no momento em que este livro foi escrito (2023), detém pelo menos 23 recordes mundiais do Guinness, incluindo ser o grupo mais tocado no Spotify, o grupo mais seguido no Instagram e ter o maior número de engajamentos no Twitter, em média, para uma banda.

A razão para essa série de recordes não é apenas o talento do BTS — embora seja inegavelmente uma parte importante do sucesso em si —, e sim uma comunidade de fãs dedicadíssima, que recebeu o apelido de ARMY (EXÉRCITO) e que age como tal também.

Os membros do ARMY apoiam servilmente seus ídolos e conseguem se organizar de forma rápida e agressiva para corrigir o que consideram equívocos a respeito de suas pessoas favoritas, mesmo que tais equívocos sejam baseados em fatos. Como jornalista que já escreveu a respeito do BTS e seus integrantes, recebi ameaças de morte e ataques concentrados de milhares de pessoas que se alinham com o ARMY.

Eles são um exemplo de *fandom* anabolizado, que evidencia tanto o melhor como o pior das comunidades da internet. O apoio aos interesses escolhidos é admirável, mas também está repleto de regras não escritas (e às vezes escritas), e promove uma proteção irascível contra qualquer cobertura ou conversa negativa a respeito da banda.

E eles não estão sozinhos. Embora o ARMY possa ser um clássico exemplo de *fandom*, existem milhares de outros por aí. Os Swifties apoiam Taylor Swift incondicionalmente e se reúnem em salas de bate-papo na internet e em torno de *hashtags* organizadas em redes sociais. Os fãs de Johnny Depp criaram o próprio *fandom* e foram pra cima da ex-esposa de Depp, Amber Heard, por meio de ações organizadas e coletivas nas redes sociais durante o julgamento por difamação que envolveu o casal em 2022.

O *fandom* pode ser uma benção. Mas também tem seu lado sombrio.

O Conhecimento do Mundo ao Alcance das Mãos

Os *fandoms* nunca esquecem as ofensas contra seus queridinhos — e a internet em geral também nunca esquece.

A internet é uma criatura estranha, ao mesmo tempo sempre em mutação e presa em um estado de novidade, onde a memória coletiva é mais curta que a de um peixinho dourado, ao mesmo tempo que enterra fundo nas entranhas uma capacidade de recordar mais semelhante à de um elefante. A perda de memória de curto prazo se deve à novidade do empreendimento como um todo. A internet está sempre adicionando novos sites: a Verisign, um dos principais fornecedores de serviços de registro de domínios, registra 11 mil novos nomes todos os dias.

Muitos deles contêm uma grande quantidade de informações novas, enquanto nosso desejo de manter contato uns com os outros, subindo fotos de família e férias ou atualizações para nossos amigos e seguidores em redes sociais como Facebook, Instagram, Twitter e TikTok, significa que estamos sempre agregando algo ao banco de dados de conhecimento coletivo da internet.

Informações antigas são suplantadas por novas num processo infinito, e os toques e sinais constantes das notificações *push* significam que priorizamos o que é novidade. A internet se move rapidamente, com coisas novas chegando a cada segundo para chamar nossa atenção. E a novidade constante teve um impacto negativo na nossa capacidade de atenção, acreditam alguns acadêmicos, embora os dados e seu significado possam ser contestados.

No entanto, apesar desse desejo de consumir sempre novas informações, com conteúdos inéditos substituindo os antigos diariamente, a internet ainda tem uma memória longa. Em parte, isso se deve às excelentes ferramentas de descoberta que empresas como o Google criaram, que nos permitem pesquisar e acessar todo o conhecimento coletivo da internet em um instante. Quer saber o que as pessoas acharam do seu programa de televisão favorito em 2005? O Google pode fornecer uma boa resposta após vasculhar as camadas arqueológicas do ciberespaço para tirar o pó das opiniões contemporâneas tanto de especialistas como de pessoas comuns.

Outra ferramenta que pode ajudar a desenterrar a história da internet é o Internet Archive e sua Wayback Machine. Fundada pelo engenheiro de computação Brewster Kahle em 1996, a entidade sem fins lucrativos de São Francisco atua como uma enorme biblioteca digital do conhecimento somado

CAPÍTULO CINCO: COMO A WEB 2.0 E A INTERNET FIZERAM DE NÓS O QUE SOMOS   165

da internet. Da mesma forma que é possível visitar uma biblioteca tradicional e retirar um livro, a pessoa também é capaz de visitar o Internet Archive e acessar um gigantesco número de livros, filmes e programas de TV livres de direitos autorais.

O Internet Archive foi ideia de Kahle, que preparou o terreno para o projeto de propósito, de acordo com Mark Graham, colega e amigo de longa data do fundador. "Ele enriqueceu intencionalmente só para poder montar essa organização", Graham me disse. Kahle vendeu para a AOL em 1995 sua primeira empresa, o primeiro sistema de publicação da internet chamado Wide Area Information Server por 15 milhões de dólares.

Isso poderia ter sido suficiente para a maioria das pessoas, mas Kahle precisava de mais para realizar seu sonho. Ele criou uma segunda empresa, a Alexa Internet, que rastreava quantas pessoas visitavam sites na World Wide Web. Ela também foi vendida —, dessa vez para Jeff Bezos, por 250 milhões de dólares em 1999.

"Ele ficou rico para poder correr atrás de sua visão e sonho de acesso universal a todo o conhecimento", disse Graham. A ideia para o Internet Archive era simples: "Seria possível disponibilizar todas as obras publicadas da humanidade para qualquer curioso?"

O Internet Archive parece uma tentativa impossível de capturar e preservar informações na internet, que se expande num ritmo preocupante. Mas funciona — e mais um pouco.

Voltando no Tempo

Um projeto secundário, a Wayback Machine, foi criado pelo Internet Archive simultaneamente à própria criação da entidade sem fins lucrativos, mas só foi revelado ao público cinco anos depois, em 2001. Ela captura instantâneos (fotografias) em tempo real de sites conforme sofrem mutações e se transformam, tentando trazer uma constância à inconstante internet.

Desde 2015, Graham é diretor da Wayback Machine. É um papel adequado para o ex-militar da Força Aérea dos EUA, que criou uma rede protótipica na internet chamada PeaceNet. Ela se fundiu com outra rede na década de 1980 e virou o Institute for Global Communications, que colocou muita gente online pela primeira vez.

A HISTÓRIA DA INTERNET PARA QUEM TEM PRESSA

"Com a Wayback Machine, trabalhamos para identificar e preservar material que seja acessível ao público por meio de um navegador", disse Graham.

Não é perfeito, admite ele, mas o projeto faz o possível para abraçar o conceito amorfo que é a web e capturar uma amostra representativa para armazenamento permanente.

Isso é feito por meio de listas — muitas listas. A Wayback Machine processa mais de 10 mil listas diariamente. Os exemplos incluem uma lista de todas as páginas da Wikipédia adicionadas ou editadas em todos os mais de 300 sites da Wikipédia em idiomas diferentes espalhados pelo mundo e URLs consideradas dignas de arquivamento por plataformas de publicação como Wordpress e redes de distribuição de conteúdo como Cloudflare. Usuários individuais também podem clicar num botão na Wayback Machine para arquivar páginas específicas que desejem guardar para a posteridade.

Em junho de 2023, a Wayback Machine havia arquivado mais de 817 bilhões de páginas da web e como elas mudaram ao longo do tempo, adicionando diariamente centenas de milhões de novas páginas à sua consciência coletiva. Como parte das varreduras na World Wide Web, ela arquiva novas versões de cerca de 1,5 bilhão de URLs todos os dias, segundo Graham.

Isso pode parecer difícil — como grudar gelatina na parede —, mas Graham dá de ombros. "Somos engenheiros, na maioria dos casos", diz ele. "Se a pessoa quisesse abordar o problema de grudar gelatina na parede, do ponto de vista da engenharia, nós daríamos um jeito." Às vezes pode levar meses ou anos para funcionar, mas a Wayback Machine consegue.

Ela é uma bênção para repórteres/jornalistas e para aqueles que procuram transparência, pois ajuda a pegar empresas e indivíduos na mentira conforme apagam e alteram seus arquivos digitais. A Wayback Machine também pode ser transformada em arma pelos *fandoms*, se quiserem, ao vasculhar as declarações anteriores de alguém para encontrar idiossincrasias, falhas e pontos fracos.

Mas, no geral, é uma ferramenta que constitui um elemento vital de responsabilização online — e que tornou a internet um lugar melhor, mais confiável e mais transparente.

CAPÍTULO CINCO: COMO A WEB 2.0 E A INTERNET FIZERAM DE NÓS O QUE SOMOS

Como a Internet Molda Nossa Linguagem

Um dos destaques da Wayback Machine e o Internet Archive é mostrar como os interesses e a linguagem da internet estão em constante evolução/mudança. É um fenômeno acompanhado por linguistas como Gretchen McCulloch, que tem como obsessão a forma volátil como conversamos online.

Para McCulloch, a internet é um filão rico de informações sem filtro. Desde textos digitados rapidamente até tweets de linhas narrativas, a forma como conversamos online oferece um discernimento melhor de como falamos — como *realmente* falamos, quando achamos que ninguém está realmente ouvindo — e nos comunicamos uns com os outros. É uma mina de ouro cheia de pepitas que os especialistas da era pré-internet passaram anos tentando descobrir como coletar. E oferecemos tudo isso gratuitamente online.

Além das variações linguísticas de como as pessoas denominam "refrigerante", por exemplo, que ficam expostas quando se analisa uma série geolocalizada de bilhetes enviados por milhões de pessoas, há maneiras mais interessantes pelas quais a internet mudou nossa linguagem — ou nos mostrou nossas individualidades. Por um lado, a necessidade de concisão nos teclados e, depois, nas telas menores dos smartphones, significa que começamos a picotar palavras e frases em siglas.

"Rindo alto" virou "LOL" em inglês, ou mais comumente hoje em dia apenas "lol" (embora o significado real também tenha mudado, portanto não significa mais literalmente rir de forma audível). Há também o primo próximo, "lulz",* que foi cunhado em meados dos anos 2000 pelo infame fórum 4chan, e tem um lado sinistro e chocante.

Da mesma forma, "IMO" é a abreviatura em inglês de "na minha opinião". E opiniões são algo que os usuários dos fóruns, e agora dos subreddits, não se acanham de fornecer a estranhos.

Existem também abreviações que só fazem sentido se a pessoa estiver em uma subcomunidade específica, contudo, de vez em quando algumas chegam ao grande público. Cerca de 15 anos depois de ter sido cunhado pela primeira vez em 2008, o TERF (ou "feminista radical transexcludente", sigla

---

* É usado para denotar riso às custas de outros, geralmente da desgraça alheia. No 4chan, geralmente vem depois da postagem de uma declaração ofensiva ou imagem chocante: "4lulz" significa mais ou menos "fiz pela zoeira" ou "fiz pra sacanear" (para gerar riso e constrangimento). (N. T.)

168 A HISTÓRIA DA INTERNET PARA QUEM TEM PRESSA

usada para descrever mulheres que se identificam como feministas, mas que apoiam apenas as pessoas que compartilham seu sexo, em vez do gênero) começou a entrar na linguagem comum, graças a conversas mais convencionais a respeito dos direitos trans.

Mas não foram apenas palavras que foram criadas ou remodeladas pela internet; nossa pontuação também foi influenciada. McCulloch identificou uma lacuna geracional nos diferentes usos online de reticências (uma série de pontos como este: ...). As pessoas cujas normas linguísticas foram formadas na era pré-internet gostam de separar os pensamentos com reticências, pois acreditam que, numa plataforma de mensagens instantâneas, isso ajuda a identificar que ainda estão falando e que ainda não é a vez do outro falar.

No entanto, para as gerações mais jovens, ... pode parecer uma atitude de agressividade velada — um revirar de olhos que ganhou vida e foi impresso na tela. Em vez disso, os jovens preferem deixar ao acaso a ideia de que a conversa acontece em turnos discretos e dividem a linha narrativa em

bilhetes curtos separados

mais ou menos assim

que funcionam como uma pausa para respirar

mas também como pensamentos discretos

saca?

EMOJI E EMOTICONS

A mensagem acima foi digitada de brincadeira — não que seja necessariamente óbvio, e é aí que entram os emojis (e seus primos mais velhos, os emoticons).

Quem passa mais de cinco minutos na internet nota que ela é um campo minado linguístico. Quer seja o seu tio Alan esperando para atacar o que ele considerou uma ofensa em relação a sua última mensagem do WhatsApp, ou um estranho na internet à espreita para implicar com seus comentários ao final da matéria de um jornal (na versão online) por exemplo, a principal forma de nos comunicarmos online — através da palavra escrita — deixa muito espaço para más interpretações.

Parte do problema é que, no ato de escrever, a pessoa perde um bocado das nuances da palavra falada. Tudo, desde o tom da voz, a entonação num termo específico, até os gestos e caretas feitos ao falar, dá à pessoa do outro

CAPÍTULO CINCO: COMO A WEB 2.0 E A INTERNET FIZERAM DE NÓS O QUE SOMOS   169

lado da conversa (receptor) dicas em relação a qualquer subtexto. Esse subtexto não pode ser encontrado na palavra escrita (exceto quando se usa uma pontuação dramática e definitiva como um ponto-final ou uma exclamação — o sinal universal de que já basta).

Essa é uma questão reconhecida desde que a internet existe, e é por isso que os humanos interessados em evitar discussões prolongadas logo desenvolveram estratégias de evasão.

Assim sendo, as pessoas rapidamente tentaram reinserir parte desse subtexto.

Os emoticons (uma combinação de "emoção" e "ícones") foram vistos como a resposta. E a existência deles envolve um perigoso derramamento de mercúrio dentro do elevador de uma universidade. Ou melhor, não envolve.

Era setembro de 1982 e o fórum de discussão dos usuários da Universidade Carnegie Mellon deu um tempo no debate de assuntos de suma importância para fazer piadas a respeito de experimentos ridículos com elevadores. Alguns se perguntaram o que aconteceria se a pessoa enchesse um elevador com hélio e depois cortasse o cabo: ele desceria em queda livre até o poço ou flutuaria? Outro perguntou o que mudaria se a pessoa colocasse uma vela acesa e uma pequena quantidade de mercúrio dentro do elevador?

Então — como sempre — alguém levou a piada longe demais. Uma pessoa adicionou uma mensagem ao sistema: "AVISO! Devido a uma experiência recente de física, o elevador mais à esquerda foi contaminado com mercúrio. Há também algumas pequenas avarias causadas por fogo. A descontaminação deve estar concluída até as 8h de sexta-feira."

Para quem entrou na brincadeira, foi divertido. Mas nem todo mundo entrou. Alguns viram a mensagem sem saber o contexto e entraram em pânico.

A piada foi prontamente explicada, e a conversa girou em torno de como garantir que a confusão não acontecesse novamente. Era a velha e espinhosa questão que envolve a palavra escrita: faltam indícios sutis, como o riso ou uma sobrancelha levantada, para alertar o destinatário de que o emissor da mensagem está brincando, de que foi irônico…

As pessoas apresentaram uma série de sugestões, mas foi o professor Scott Fahlman quem criou a solução que todos nós ainda usamos (de certa forma) até hoje:

Proponho a seguinte sequência de caracteres para indicar piadas:
:-)
Leia de lado.

As pessoas leram. E adoraram. E começaram a usar. E nasceram os emoticons. Variações como ;-) e :-P foram criadas. Elas se espalharam para fora da Universidade Carnegie Mellon e ganharam o mundo.

A Ascensão dos Emojis

Os emoticons evoluíram para emojis no final da década de 1990, graças à empresa japonesa de telefonia móvel NTT Docomo e a um artista gráfico chamado Shigetaka Kurita, que projetou uma coleção de 176 representações pictóricas de objetos e emoções comuns. Demorou até a ascensão do smartphone para que o uso de emojis se tornasse comum, e até 2015 para o Dicionário Oxford de Inglês declarar um emoji — o emoji de "chorando de rir" — como a palavra do ano, um prêmio que ele recebeu por ser o emoji mais usado no mundo inteiro.

Caos e Confusão

Até há relativamente pouco tempo, enviar um emoji — ou, mais especificamente, alguns emojis menos usados — poderia ser um pouco arriscado. Dependendo do tipo de dispositivo do qual a pessoa enviou o emoji e do fabricante, e do tipo de dispositivo que recebeu e do fabricante, a representação pictórica cuidadosamente escolhida da emoção da pessoa podia aparecer diferente.

O emoji de "mulher dançando" hoje está comparativamente padronizado em todos os dispositivos, aplicativos e plataformas. É uma mulher com um vestido vermelho, no meio de um passo de salsa/flamenco, fazendo a pose mais extravagante possível. O tipo de pose difere, até hoje, dependendo de onde é enviada, assim como pequenos detalhes: nos aparelhos da Apple a mulher usa um vestido com uma barra esfuziante de babados e sapatos vermelhos, enquanto nos Samsung ela usa um chapéu e um par de sapatos pretos de salto com tiras num movimento meio desajeitado.

CAPÍTULO CINCO: COMO A WEB 2.0 E A INTERNET FIZERAM DE NÓS O QUE SOMOS   171

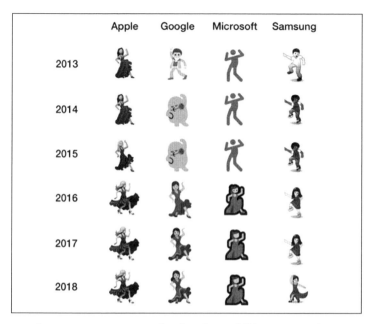

As várias maneiras como a "mulher dançando" foi representada em plataformas diferentes.

Apresentado pela primeira vez em 2010, o emoji "mulher dançando" nem sempre foi uma mulher dançando. Nos dispositivos da Microsoft, ela foi por muito tempo apenas um boneco de palitinhos cinza. Já o Google mostrou a mulher como um homem.

A "mulher dançando" também não foi o único exemplo de emoji com interpretações diferentes. O mais famoso é o emoji de arma, que foi alterado para algum tipo de pistola d'água em muitas plataformas, mas continua sendo um revólver de verdade em alguns serviços. Tudo causou confusão, até que cada empresa de tecnologia individualmente que retratava emojis de maneira drasticamente diferente em suas plataformas percebeu que não se faz nada sozinho. A chamada fragmentação de emojis estava causando enorme confusão. Começando lentamente, quem estava distante começou a se aproximar e produzir ícones praticamente iguais aos dos concorrentes.

A Emojipédia, uma organização que mapeia o uso de emojis no mundo inteiro, decretou 2018 como "o ano da convergência dos emojis". E assim, o atalho rápido projetado para reduzir mal-entendidos nos bilhetes parou de causar confusão por conta própria.

A HISTÓRIA DA INTERNET PARA QUEM TEM PRESSA

Hoje, a aprovação de novos emojis é um processo complicado e burocrático supervisionado pelo Consórcio Unicode, os guardiões dos emojis. Os solicitantes têm que preparar um dossiê explicando por que o ícone escolhido seria culturalmente relevante para o mundo inteiro; se aprovado na primeira fase, eles enviam o símbolo a um subcomitê que decide quais emojis serão incluídos nas atualizações anuais implementadas por fabricantes de smartphones e criadores de aplicativos.

Existem agora mais ou menos 3.600 emojis disponíveis para os usuários darem um tempero às conversas — um número enorme em comparação com os cerca de 700 em 2010. Temendo um inchaço de emojis, o Consórcio Unicode se tornou mais criterioso em relação ao que aceita: apenas 31 símbolos foram apresentados para possível adoção em meados de 2022, cerca de um quarto dos 112 aprovados no ano anterior e muito menos do que os 334 aprovados em 2020.

A razão? Nada em excesso faz bem. Alexander Robertson, que possui doutorado em estudos de emojis pela Universidade de Edimburgo, apresentou um artigo na conferência Emoji2022 em Seattle. Foi um aviso dado pelo fantasma do futuro dos emojis: mesmo adicionar 10 ou 15 emojis por ano significaria que, no ano 7022, acabaríamos tendo um léxico pesado de 62 mil emojis, ou o dobro do vocabulário médio dos adultos que falam inglês.

GIFs

Outro pilar fundamental da comunicação online tem uma história tão longa quanto o emoji: o GIF, uma série animada de imagens que, quando agrupadas em uma repetição infinita (loop), criam uma pequena cena semelhante a um vídeo.

Hoje, os GIFs são usados para condensar emoções complicadas em um espaço pequeno — o exemplo perfeito de uma imagem que vale mais que mil palavras. Pipocam em fios (*threads*) do Twitter e postagens em fóruns e são usados em grupos de bate-papo como reação a notícias chocantes, empolgantes ou tristes quando as palavras simplesmente não são suficientes. Os GIFs também são um baita negócio: em 2020, a Meta, empresa que administra o Facebook, o Instagram e o WhatsApp, comprou o Giphy, um gigantesco banco de dados pesquisável de GIFs, por 315 milhões de dólares.

CAPÍTULO CINCO: COMO A WEB 2.0 E A INTERNET FIZERAM DE NÓS O QUE SOMOS 173

Os GIFs são tão fundamentais para a internet que as entidades reguladoras de concorrência no Reino Unido disseram em 2022 que a mega aquisição não seria permitida. Dar a uma grande empresa de tecnologia tão importante como a Meta o controle do Giphy concentraria muito poder em poucas mãos, disse a Autoridade de Concorrência e Mercados. A Meta foi obrigada a revender o Giphy.

Mas antes de os GIFs se tornarem ferramentas de comunicação clara e exercerem um poder que as entidades reguladoras de concorrência inspecionam cuidadosamente, eram algo muito mais humilde: uma forma de utilizar imagens online e ao mesmo tempo reduzir o uso da largura de banda da internet e o tempo de download.

O ano era 1987 — sim, os GIFs são anteriores à World Wide Web —, e os primeiros usuários da internet estavam contrariados. Eles tinham recebido a promessa de uma plataforma de comunicações de aparência futurista onde poderiam interagir com qualquer pessoa no mundo inteiro. Ouviram que seria uma plataforma multimídia onde a pessoa poderia interagir com imagens tão prontamente quanto com texto. Mas não era assim.

As imagens existiam, mas os formatos em que eram armazenadas e compartilhadas eram o que hoje chamaríamos de "devoradores de largura de banda". Eram coisas grandes e volumosas que demoravam para ser transportadas por intermédio das conexões lentas de internet. (Naquela época, a velocidade média da internet era de cerca de 300 bps; hoje, graças aos avanços tecnológicos, a velocidade média da internet nos Estados Unidos é 550 mil vezes mais rápida.) Era como tentar enfiar um sofá de três lugares num pequeno elevador: uma operação demorada, complicada e frustrante.

Agora imagine, nessa situação, que a pessoa esteja pagando à empresa de mudanças por hora trabalhada. Ela não apenas não tem o sofá que deseja, como também perde dinheiro. E para piorar as coisas, o cômodo onde ela deseja colocar o sofá é pouco maior do que o espaço ocupado pelo móvel. Essa era a situação difícil que os clientes da CompuServe enfrentavam em 1987. Eles pagavam uma taxa/hora pelo acesso à internet e usavam computadores que tinham pouquíssimo espaço de armazenamento. Se quisessem a internet repleta de recursos de mídia e movida a imagens que lhes prometeram ser possível, gastariam muito tempo esperando o download do arquivo — e, como tempo é dinheiro... — e acabariam descobrindo que teriam dificuldade para fazê-lo caber em seus PCs.

A Concepção Imaculada do GIF

O problema contrariou o filho de 40 e poucos anos de uma enfermeira e de um operário de uma fábrica de West Chester Township, em Ohio. Steve Wilhite trabalhou como engenheiro e cientista da computação na CompuServe na década de 1980. Ele sabia que as imagens seriam importantes, mas também sabia que era necessário torná-las menores.

Os GIFs eram a resposta, mas naquele momento eles não se mexiam. Teoricamente, eles poderiam se mexer, graças a uma atualização do formato GIF de 1989 supervisionada por Wilhite, mas os dados ocupados pela imagem em si limitavam a capacidade de repetir quadros.

> ### Explicando os GIFs
> A solução para a necessidade de imagens menores foi um algoritmo de compressão de dados desenvolvido em 1984 por três engenheiros: Abraham Lempel, Jacob Ziv e Terry Welch. Wilhite se deparou com o artigo dos engenheiros, intitulado "Uma técnica para compressão de dados de alto desempenho", e achou que poderia ser usado para reduzir o tamanho das imagens.
> O algoritmo de compressão (também chamado de algoritmo LZW) era bastante intuitivo: se visse ocorrências repetidas de dados, ele simplesmente amassaria tudo junto. Em um arquivo de texto, a instrução de computador "uma quebra de linha, uma quebra de linha, uma quebra de linha" poderia se tornar "três quebras de linha". Em uma imagem, três linhas inteiras de pixels azuis seguidas, o que exigiria uma repetição quase infinita de "um pixel azul", poderiam virar, em vez disso, "três linhas de pixels azuis", o que é muito mais curto. É uma técnica que usamos o tempo todo em conversas: ao ver "0001" em um CNPJ, é mais provável que a pessoa fale "mil ao contrário", que sai mais rápido e claro do que "zero-zero-zero-um".
> O algoritmo LZW também pode misturar cores, criando pixels "verlanja" para vermelho e depois laranja ou "azanco" para indicar azul e depois branco. Foi um atalho. E economizou espaço. Nasceu o formato GIF, ou Formato de Troca de Gráficos em inglês. (E não importa a forma como a gente pronuncie, Wilhite é inflexível e insiste que se diz "jif", não "guif".)

CAPÍTULO CINCO: COMO A WEB 2.0 E A INTERNET FIZERAM DE NÓS O QUE SOMOS

Ninguém sabe qual foi o primeiro GIF animado; alguns afirmam que foi um avião cartunesco feito de pixels que cruzava um céu nublado; outros, um mapa meteorológico. Mas a maioria das pessoas concorda que um momento importante na história dos GIFs foi quando eles começaram a entrar em repetição infinita (loop).

Os GIFs hoje são equivalentes a um *flipbook* infantil: folheado rápido o suficiente dá a impressão que uma série de imagens estáticas sequenciais estão se movendo. Uma das diversões dos GIFs é que eles continuam a se repetir, reproduzindo indefinidamente tudo o que é mostrado até que a pessoa feche a aba do navegador ou role a tela. Mas nem sempre foi assim. Foi somente em 1995 que o navegador Netscape Navigator apresentou a funcionalidade de repetição infinita de um GIF.

Em Construção

A integração ao Netscape Navigator foi fundamental para o GIF na World Wide Web. Ela coincidiu com uma explosão de sites pessoais graças a empresas de hospedagem gratuita bancada por anúncios, como a GeoCities. Os usuários que arriscavam os primeiros passos na internet pareciam adorar a ideia de ter o próprio cantinho online e, assim sendo, começaram a construir sites rudimentares.

Entretanto, na corrida pela novidade, as pessoas muitas vezes lançavam os sites antes de estarem concluídos — iam construindo a casa online cômodo a cômodo e organizavam uma inauguração virtual antes de tudo estar pronto.

Isso não era um problema, graças aos GIFs e a uma série de imagens que rapidamente se tornariam sinônimo dos primórdios da World Wide Web: o GIF "Em Construção". GIFs animados e berrantes em amarelo e preto como placas de sinalização logo se tornaram inevitáveis na internet. Tais imagens em movimento, que muitas vezes vinham acompanhadas de um texto explicando que a página estava em construção, se inspiraram nos avisos que os mestres de obra e os empreiteiros colocam em volta das construções no mundo real. Eles eram um símbolo de um novo habitante da internet, orgulhoso da casa nova, embora muito ansioso, que passava a seguinte mensagem: "Estou morando no bairro, mas não repare, pois ainda não terminei de mobiliar a casa."

O GIF "Em Construção" é um lembrete visual visceral para aqueles que circulavam na World Wide Web em seu apogeu em meados da década de

A HISTÓRIA DA INTERNET PARA QUEM TEM PRESSA

1990 — uma forma quase tão imediata de viagem no tempo e espaço quanto o som estridente e metálico de um modem de 56k conectado à internet por meio da linha telefônica. E é um lembrete de que, apesar de muitos dos vestígios daqueles primeiros dias em que a web foi se desfazendo em pó à medida que os primeiros provedores desapareceram (a GeoCities fechou sem ninguém notar em 27 de outubro de 2009), ele ainda sobrevive de alguma forma.

O arquivista da internet Jason Scott, que trabalha para o Internet Archive (que conhecemos há pouco), decidiu tentar guardar para a posteridade esse elemento dos primórdios da web. Antes da GeoCities encerrar o serviço e excluir todos os dados, Scott recuperou 959 GIFs "Em Construção" de sites do GeoCities que agora vivem num site próprio.

Quem visitar a página verá um testemunho berrante e piscante de uma época em que muitos internautas nem sabiam que existia — mas aqueles que a conhecem lembram com imenso carinho.

Vida Longa ao GIF

O fim da GeoCities e daquela era inicial da internet não significou o fim do GIF. Longe disso. À medida que a internet se tornou mais visual e as conexões de banda larga permitiram usar uma gama mais ampla de recursos multimídia, o GIF reinou supremo. Ele se tornou uma parte importante de nossas vidas online e da maneira como nos comunicamos.

Ele deixou de ser uma representação estranha, semelhante a um meme, que víamos boquiabertos como no caso do GIF do bebê dançando, que cativou os primeiros usuários da internet do meio para o final da década de 1990. Os espectadores da série de televisão *Ally McBeal* vão lembrar que o personagem-título costumava ver um bebê feito em animação 3D usando uma fralda, rebolando de um lado para o outro. Foi emblemático como um dos primeiros memes da década de 1990: o Dancing Baby.

O bebê, que dançava contra um fundo preto, foi criado usando um *plug-in** do software de modelagem 3D Studio Max chamado Character Studio. Distribuído na internet, outras pessoas remixaram o bebê e começaram a enviá-lo por e-mail. O meme Dancing Baby nasceu no fim de 1996 e continuou popular por anos.

---

* Uma extensão para um programa ou aplicativo que fornece capacidades adicionais. (N. T.)

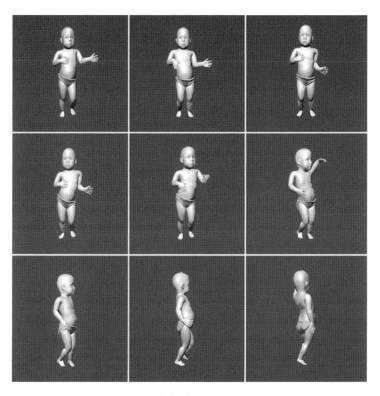

O GIF Dancing Baby (sem o movimento, claro)

Em 2012, o Dicionário Oxford declarou "GIF" a palavra do ano. Ele se tornou a principal forma de comunicação em sites como o Tumblr, lançado em 2007, onde mais de 23 milhões de GIFs foram postados todos os dias em 2016. O GIF foi um elemento fundamental das postagens publicadas no BuzzFeed. Foi tema de uma exposição em um museu de Nova York em 2014.

O GIF virou uma reação independente para as pessoas na internet por volta de 2011, de acordo com um acadêmico, que disse: "Essas repetições curtas e infinitas de corpos em movimento, extraídos principalmente do cinema e da TV, são usados para expressar de forma divertida ideias e emoções comuns."

E o GIF sobreviveu ao próprio obituário, que foi escrito várias vezes. Até o Tumblr, a plataforma agora mais intimamente ligada ao GIF, já tinha se cansado dele. "O formato está extremamente desatualizado e isso gera imagens animadas enormes e de baixa qualidade", escreveu a equipe de engenharia do Tumblr em 2015. Mais tarde, eles voltariam atrás.

Ainda assim, o GIF sobrevive. Apesar da evolução da internet móvel de alta velocidade nos permitir consumir streaming de vídeo em quase qualquer lugar, os GIFs permanecem em nossos corações.

A ASCENSÃO DA NETFLIX

Vídeos curtos em loop nos seduziram graças à ascensão dos GIFs e do TikTok (e seus vários imitadores), mas ter banda larga veloz e dados ilimitados em nossas conexões significa que agora estamos igualmente propensos a sentar no sofá e curtir séries longas e filmes entregues a nós pela internet. Empresas como Netflix, Amazon Prime e Disney+ prenderam nossa atenção, e a exibição de vídeos sob demanda substituiu o que agora é chamado de exibição com hora marcada na televisão.

Mas nem sempre foi assim. Apesar de hoje dominar o mundo dos vídeos online produzidos profissionalmente, a Netflix nem sequer começou online. A empresa foi lançada em 1997 como uma locadora de filmes por correio, onde era possível selecionar um DVD para ser entregue em casa e substituí-lo por um novo assim que enviasse o DVD assistido de volta. Em uma década, como o negócio de pedidos por correspondência estava começando a definhar e as conexões domésticas de banda larga estavam se tornando rápidas o suficiente, a Netflix lançou um serviço online onde era possível assistir a vídeos sob demanda (VOD em inglês) em computadores. A empresa anunciou, em abril de 2023, que encerraria definitivamente o serviço de locação de DVD por correio até setembro do mesmo ano, depois de enviar mais de 5,2 bilhões de DVDs para 40 milhões de clientes.

A ascensão das TVs tipo smart, que eram conectadas à internet por Wi-Fi e podiam rodar aplicativos como um smartphone, ajudou a levar a Netflix dos PCs às telas maiores nas salas de casa. Maratonar séries inteiras na Netflix agora se tornou a norma, e a forma como os programas de TV tradicionais são produzidos e apresentados mudou para tentar competir com a indústria dos chamados "serviços de *streaming*".

NEW YORK YANKEES X SEATTLE MARINERS

O *streaming* de vídeo ao vivo, onde imagens de vídeo são transmitidas ao vivo pela internet, se tornou uma parte importante da experiência online graças a plataformas como a Twitch, onde jogadores de videogame transmitem a si mesmos jogando a qualquer hora do dia. Mas o *streaming* ao vivo tem uma história bem maior do que muitos imaginam.

O primeiro *streaming* ao vivo na internet foi uma apresentação em 24 de junho de 1993 da banda Severe Tire Damage, formada por cientistas da computação e engenheiros da Xerox PARC, na Califórnia. Os engenheiros decidiram testar uma nova tecnologia que haviam desenvolvido, capaz de transmitir um vídeo ao vivo de baixa qualidade pela internet. Foi um sucesso, com espectadores de lugares tão distantes quanto a Austrália.

Esse teste foi pequeno, visto apenas por um punhado de pessoas — mas em setembro de 1995, o RealPlayer, um reprodutor de mídia para PC, levou o *streaming* ao vivo a um público mais amplo. Ele transmitiu um jogo de beisebol entre os Mariners e os Yankees, embora apenas em áudio. Levaria mais alguns anos para que o *streaming* de vídeo ao vivo se tornasse algo comum — impulsionado por conexões de banda larga que permitem a distribuição online de imagens de vídeo de melhor qualidade.

Branco e Dourado ou Preto e Azul?

A natureza discordante das redes sociais se tornou evidente nos últimos anos, à medida que as pessoas se tornaram cada vez mais divididas em tribos que seguem linhas partidárias, mas as rupturas sociais que a internet causou deveriam ter sido óbvias muito antes de Donald Trump ser eleito presidente.

A razão? Nossa raiva uns dos outros por causa de um vestido.

Cecilia Bleasdale postou no Facebook a foto de um vestido que viu no Cheshire Oaks Designer Outlet, no Reino Unido, em fevereiro de 2015. Faltava mais ou menos uma semana para o casamento da filha e ela estava procurando uma roupa para o grande dia. Cecilia achou que o vestido poderia servir, mas quis verificar se a filha achava adequado. Uma das duas achou que a peça era azul e preto. A outra achou que era branco e dourado. A imagem foi notada por jornalistas do BuzzFeed, onde foi divulgada pela internet — com pessoas vendo cores diferentes. Isso quebrou a internet e deu um nó no cérebro de muita gente. No final, um efeito óptico foi responsável pela grande disparidade nas percepções da cor do vestido.

(Embora ele seja claramente azul e preto.)

O primeiro filme que estreou online é anterior à fundação da Netflix até mesmo como locadora de DVD. Às 18 horas do dia 3 de junho de 1995, a empresa de hospedagem na web Point of Presence, com sede em Seattle, transmitiu *Baladas em Nova York*, uma comédia estrelada por Parker Posey. A qualidade do *streaming* não foi boa: a distribuidora do filme disse aos repórteres na época que foi uma experiência divertida, mas a "imperfeição" do vídeo compartilhado significava que os cinemas permaneceriam dominantes. Eles podem ter se mostrado excessivamente confiantes. Hoje, muitas séries da Netflix têm os próprios *fandoms* dedicados que discutem de modo tribal qual série é a melhor. A internet nos dividiu. Mas, por outro lado, sabíamos disso desde a chegada de um vestido polêmico na web.

NEVER GONNA GIVE YOU UP

Se o caso do vestido foi uma maneira infalível de irritar os usuários da internet, há outro alicerce do mundo online que é capaz de aumentar a pressão arterial da mesma forma: o astro pop dos anos 1980, Rick Astley.

Desde que a internet existe, há gente tentando dar golpe online. E foi assim com o "rickrolling", a brincadeira de enviar um link falso para o videoclipe de "Never Going to Give You Up", o mega hit de Rick Astley de 1987.

A brincadeira surgiu em março de 2007 no 4chan, o polêmico site de imageboard, quando um desconhecido espalhou links para a música de Astley no lugar do trailer de lançamento do famoso jogo *Grand Theft Auto IV*. O 4chan adora ver pessoas sendo enganadas e redobrou os esforços no Dia da Mentira daquele ano. Uma pesquisa de 2008 descobriu que 18 milhões de adultos americanos alegaram ter sido vítimas do "rickrolling", o que ajudou o videoclipe a ganhar mais de 20 milhões de visualizações no YouTube até o final daquele ano.

Somente em 2010 a gravadora de Astley subiu um videoclipe oficial para o YouTube, capitalizando a popularidade da canção. Desde então, ele foi visto 1,3 bilhão de vezes. Copiar a URL do vídeo no Twitter mostra que as pessoas continuam a enganar vítimas inocentes com o "rickrolling" até hoje, alegando que o vídeo é, na verdade, o trailer de um novo filme do Homem-Aranha, a confissão de um youtuber de que estava por trás do balão espião chinês que sobrevoou os Estados Unidos no início de 2023, ou um vídeo do jogador de futebol Lionel Messi supostamente dizendo que quer jogar no Manchester United.

CAPÍTULO SEIS

A Web 3.0 e o Futuro da Internet

Uma Nova Era

Se a Web 1.0 foi a formulação da World Wide Web que usamos hoje todos os dias, e a Web 2.0 viu sua consolidação sob o controle de um punhado de empresas, as chamadas Big Techs, então a Web3 promete ser uma ruptura com os velhos costumes e um novo e revolucionário paradigma para o funcionamento da web. Pelo menos é o que dizem seus defensores.

O termo Web3 foi cunhado em 2014 por Gavin Wood, cientista da computação e fundador da criptomoeda Ethereum, e proposto para ser algo diferente do mundo online ao qual todos estamos acostumados. Wood comparou a encarnação atual da web a colocar todos os ovos numa mesma cesta. "Se algo der errado com um desses serviços, sabe, o serviço fica subitamente indisponível para um grande número de pessoas", disse ele em um podcast. As interrupções na internet não são incomuns à medida que servidores ou processos internos ficam mal configurados, como nos mostrou a tumultuada posse do Twitter por parte de Elon Musk.

A visão de Wood estava ganhando força dentro de um pequeno setor da sociedade focado em criptomoedas — a alternativa descentralizada ao dinheiro que os pioneiros da tecnologia acreditavam que reformularia o modo como gastamos. As criptomoedas foram inventadas em 2008 com o lançamento do Bitcoin, desenvolvido por um misterioso cientista da computação

182 A HISTÓRIA DA INTERNET PARA QUEM TEM PRESSA

chamado Satoshi Nakamoto. Embora muita gente tenha afirmado ser a verdadeira pessoa por trás do pseudônimo Nakamoto, incluindo Craig Wright, um acadêmico australiano que processou aqueles que negam que ele seja Nakamoto, não foi encontrada nenhuma prova definitiva que identifique uma única pessoa como o cientista da computação.

Quem quer que seja, Nakamoto publicou um relatório branco (ou livro branco)* chamado "Bitcoin: A Peer-to-Peer Electronic Cash System"** na internet em 31 de outubro de 2008 — um mês e meio após o domínio bitcoin.org ter sido registrado. O tal relatório propôs um método de tratamento de transações financeiras fora do sistema bancário e apelou para a desconfiança geral em relação às instituições financeiras tradicionais; a crise financeira de 2007/8 ainda acumulava catástrofe após catástrofe, e a maioria das pessoas culpava os bancos envolvidos.

O primeiro Bitcoin foi cunhado em 3 de janeiro de 2009 — uma data que nós ingleses conhecemos por se tratar de uma referência a uma reportagem publicada pelo *Times* incorporada ao código que o criou. A manchete escolhida foi claramente proposital, para pontuar por que Nakamoto achou que havia necessidade do Bitcoin:

CHANCELER À BEIRA DO SEGUNDO RESGATE AOS BANCOS

A primeira compra de um item da vida real usando Bitcoin ocorreu em 22 de maio de 2010, quando Laszlo Hanyecz, um dos pioneiros a adotar o Bitcoin, quis comprar uma pizza. Ele postou em um fórum de entusiastas da criptomoeda que estava oferecendo 10 mil Bitcoins para quem lhe entregasse uma pizza. (Naquela época, as empresas não aceitavam o Bitcoin como padrão em troca de bens ou serviços; hoje, ele já é aceito por uma pequena, porém crescente, parcela.)

Ninguém aceitou a oferta durante dias, até que Jeremy Sturdivant, de 19 anos, decidiu topar. Os dois fizeram contato por meio de um IRC (retransmissão de bate-papo via internet, em inglês) e Hanyecz enviou a Sturdivant os 10 mil Bitcoins, que na época valiam 41 dólares. As duas pizzas grandes

---

* *White paper*: tipo de documento persuasivo, confiável e aprofundado a respeito de um tópico específico que apresenta um problema e fornece uma solução. (N. T.)
** "Bitcoin: um sistema de dinheiro eletrônico *peer-to-peer*". (N. T.)

que Hanyecz queria foram entregues na casa dele na Flórida por um entregador da pizzaria Papa John's: Sturdivant havia pedido a comida online e foi devidamente pago pela encomenda.

Isso entrou para a História — mas, revendo os fatos, pode ter sido uma decisão tola. Embora a transação tenha provado que o Bitcoin poderia ser negociado por algo tangível — que durante muito tempo foi a maneira favorita dos céticos das criptomoedas de minimizar o potencial da tecnologia —, teria sido melhor para Hanyecz se ele tivesse guardado o investimento. No dia 14 de março de 2024, a criptomoeda atingiu a máxima histórica: 73.794 dólares.

A Web Descentralizada

O princípio fundamental por trás de toda a Web3 é a descentralização (e seu caráter disruptivo). A ideia é que passamos 20 anos ou mais de nossa vida digital entregando informações pessoais de mão beijada para gigantes da tecnologia que sugam nossos dados para depois vendê-los a anunciantes. Aqueles que mais se opõem ao modelo de negócios das Big Techs afirmam que isso foi feito sem escrúpulos — embora, é claro, as próprias empresas digam que tudo está de acordo com as regras.

Para a maioria de nós, a Web 2.0 foi uma bênção: quebrou as barreiras do mundo online que existiam na época da irritante Web 1.0. Os usuários podiam acessar a maioria dos sites por meio de uma conta do Google e pagar pelos itens online com o PayPal, independentemente do site que visitassem. Era simples, rápido e eficiente.

Mas tal eficiência foi uma concessão para permitir às empresas privadas um acesso maior, muitas vezes irrestrito, a quem somos (quando, o quê, como, onde, por que… compramos/visitamos) — confiança que foi traída, como descobrimos no Capítulo 3, graças a escândalos como o incidente da Cambridge Analytica. Foi uma barganha faustiana.

Colocamos controle demais nas mãos de algumas megaempresas. E elas nos traíram. A Web3 sugere que nunca mais cometamos esse erro. Em vez de fornecer dados ao Google ou entregar conjuntos completos de informações pessoais (e de terceiros) ao Facebook, onde eles podem hospedá-los e controlá-los em seus servidores centrais, a ideia da Web3 é que todo o controle seja descentralizado. Nenhum indivíduo e/ou empresa deterá domínio

O Assalto à Mt Gox

O maior banco de Bitcoin no início de 2014 era uma casa de câmbio japonesa de criptomoedas chamada Mt Gox. (É exatamente como uma casa de câmbio: um lugar onde a pessoa pode comprar criptomoedas usando dinheiro real — moeda fiduciária — ou trocá-las com outros usuários por outras criptomoedas.) Sete em cada 10 transações que ocorreram no mundo inteiro foram pela Mt Gox.

O que tornou a invasão de hackers, anunciada em fevereiro de 2014, e a subtração de 740 mil Bitcoins — cerca de 5% de todos os Bitcoins existentes na época — ainda mais chocantes. No final de fevereiro de 2014, a empresa por trás da Mt Gox havia entrado com pedido de falência no Japão e nos Estados Unidos. Aqueles que lá depositaram fundos ficaram a ver navios.

E a criptomoeda e a Web3 ganharam um grande problema de reputação. É um problema de reputação que existe até hoje — e continua a prejudicar muitas outras tecnologias que usam blockchain como espinha dorsal.

Hoje, existem muitos blockchains além daquele por trás do Bitcoin para serem usados pelos pioneiros do Web3. Um dos mais conhecidos é o Ethereum, ideia de Gavin Wood, que conhecemos há pouco e que cunhou o termo Web3, surgido em meados da década de 2010. Ele é o principal concorrente do Bitcoin e permite a execução de uma variedade de aplicativos descentralizados, ou dapps. Mas antes do lançamento do Ethereum, existia o Namecoin, que era um derivado do Bitcoin. E Namecoin foi o lar do primeiro NFT do mundo.

na web do futuro. Cada internauta será tratado igualmente e todos terão o mesmo nível de acesso.

É claro que a informação ainda precisa existir, e existe — porém no blockchain, outro elemento fundamental da Web3. O blockchain é um livro-razão digital, um conjunto de registros computadorizados divididos em blocos, cada um verificado por meio de chaves criptográficas que garantem sua autenticidade. Como a pessoa não pode alterar as chaves criptográficas, é impossível alterar o histórico unilateralmente na internet. Cópias do blockchain são armazenadas em dispositivos de diferentes usuários, o que significa que se uma pessoa surgir com uma versão que pareça fora de sincronia das outras — porque foi alterada, por exemplo —, ela poderá ser rapidamente descoberta.

Isso significa, por exemplo, que no caso das criptomoedas qualquer investimento pode, em teoria, ser mantido em segurança. Mas nem sempre ocorre dessa forma. Assim como os assaltos a bancos acontecem no mundo real, também podem acontecer no mundo da Web3.

O Mundo dos NFTs

Os tokens não fungíveis, ou NFTs, explodiram em 2021, em grande parte graças a uma série de eventos que os tiraram das margens da internet e levaram ao centro das atenções. Tecnicamente, os NFTs são um contrato e podem ser anexados a qualquer coisa, de garrafas de vinho até imagens JPEG, mas rapidamente se tornaram sinônimos de obras de arte, atuando como certificados digitais de autenticidade.

Houve a venda de "Everydays: The First 5,000 Days", uma obra de arte NFT feita por Beeple, artista conhecido pelos pais dele como Mike Winkelmann. Essa venda, que ocorreu na casa de leilões Christie's em 11 de março de 2021, mudou a vida de Beeple da noite para o dia.

Antes de se voltar para os NFTs, o máximo que Beeple já havia ganhado com uma única venda de sua arte foram 100 dólares por algumas ilustrações impressas. Porém, impulsionados pelo *hype*, ou melhor, por uma onda incrível de badalação — e uma generosa cobertura da grande mídia —, os valores

Uma coleção de Bored Apes.

dispararam: uma de suas peças NFT foi vendida por 69 milhões de dólares. Essa única venda transformou Beeple em um gigante do mundo da arte: de acordo com a Christie's, ele imediatamente se tornou um dos três artistas vivos mais valiosos quando o martelo foi batido no leilão.

Parte do motivo pelo qual a arte de Beeple (composta por uma série de 5 mil imagens colocadas em uma colagem relativamente rudimentar) alcançou um preço tão estratosférico se deve ao momento pelo qual os NFTs estavam passando. O ímpeto crescia à medida que obsessivos entusiastas que haviam enriquecido recentemente devido à disparada dos preços das criptomoedas — pessoas que viram os centavos iniciais de investimento de anos atrás se transformarem em valores inimagináveis — começaram a usar a riqueza recém-descoberta para especular com o preço dos NFTs. Logo, surgiu um mercado onde gente comprava e vendia obras de arte digitais e obtinha lucros astronômicos.

> **Como Funciona a Cunhagem**
> É preciso explicar a cunhagem: os NFTs em si não são a arte, mas sim a entrada no blockchain que garante que a obra de arte associada a ele é a original. Para desgosto de muitos investidores em NFTs que não entendiam bem no que estavam se metendo, é possível simplesmente copiar e colar a arte que outra pessoa afirma possuir e usá-la em outro lugar. Mas graças à forma imutável e constante como o blockchain funciona, a pessoa nunca conseguirá copiar o contrato que o sustenta — assim como um certificado de autenticidade original que separa um Da Vinci original de quaisquer falsificações baratas.

A onda envolvendo os NFTs não escapou às celebridades, que começaram a aderir. Em um programa de janeiro de 2021 do *Tonight Show with Jimmy Fallon*, a socialite Paris Hilton trocou dicas com Fallon a respeito de NFTs, e os dois inclusive mostraram um ao outro os próprios NFTs da coleção superpopular Bored Ape Yacht Club. Essa talvez seja a coleção de NFTs mais conhecida, com 10 mil imagens de macacos cartunizados. Ela foi lançada em abril de 2021 e a organização por trás dela, a Yuga Labs,

CAPÍTULO SEIS: A WEB 3.0 E O FUTURO DA INTERNET

foi avaliada em 4 bilhões de dólares. Paris até acabou presenteando a plateia do estúdio naquela noite com um NFT próprio. Contudo, o *hype* logo arrefeceu brutalmente — na verdade, no final de 2022 o mercado de NFTs havia se acalmado em meio a alegações de que o comércio efervescente era artificial —, mas houve um momento em que os NFTs pareciam inevitáveis, com uma nova celebridade "cunhando" os próprios NFTs praticamente todo dia. O conceito de cunhar um NFT não existia há tanto tempo assim. Na verdade, o ano agitado dos NFTs em 2021 remonta a 2014, quando uma dupla de artistas, marido e mulher, queriam vender suas obras digitais.

Jennifer e Kevin McCoy enfrentaram o mesmo problema que todo artista e colecionador encara: provar que a peça que estão vendendo/têm em mãos é a original. Tal problema é agravado pela facilidade de criar cópias digitais. Eles queriam provar que a obra, chamada Quantum, que parece uma estrela pulsante criada por código de computador, era original. O blockchain forneceu a solução: os dois poderiam registrar a criação no registro imutável. O casal McCoy e o colaborador Anil Dash escolheram o blockchain Namecoin para registrar a cunhagem da obra. Quantum foi adicionada ao blockchain em 3 de maio de 2014. Nasciam os NFTs.

Claro que isso não significa nada se ninguém mais seguir seus passos; Os McCoy e Dash tiveram que convencer outras pessoas de que aquela ideia valia a pena. Então, no palco de uma conferência no início de maio de 2014, Kevin McCoy vendeu para Dash uma imagem digital diferente por 4 dólares. A propriedade foi transferida, e o blockchain, atualizado.

Isso abriu caminho para outros seguirem. Embora a operação Namecoin/Quantum não tenha durado, a tendência estava definida. Por volta de 2017, os primeiros NFTs foram lançados no blockchain Ethereum, que era bem mais popular e amplamente utilizado do que o Namecoin. CryptoPunks, uma coleção de 10 mil personagens feitos em *pixel art*,* foi lançada naquele ano — de graça. Aqueles que adquiriram os desenhos acabaram sentados em uma mina de ouro, pois no auge do comércio de NFTs eles estavam sendo vendidos por milhões (o mais caro, o CryptoPunk #5822, foi vendido em fevereiro de 2022 por 23,7 milhões de dólares).

---

* Forma de arte digital na qual as imagens são criadas ou editadas tendo como elemento básico os pixels. (N. T.)

Misturando o Digital e o Físico

O princípio por trás dos NFTs é simples: misturar o digital com o físico. A arte digital vale dinheiro real. E isso prova a premissa da Web3 — existe uma maneira de fazer as coisas a partir de uma abordagem descentralizada.

Todas essas ideias — a fusão da realidade virtual com a física e a descentralização — são exemplificadas em outra tecnologia da Web3: o metaverso.

O metaverso foi inicialmente proposto como um futuro possível logo quando a primeira versão da World Wide Web estava ganhando ímpeto. No romance sci-fi *Snow crash* (Neal Stephenson, 1992), o personagem principal — propositalmente batizado de Hiro Protagonista — está preso num emprego sem futuro e procura uma fuga. Para os leitores que folheiam o livro com o benefício da perspectiva do que já aconteceu, a sina de Protagonista é assustadoramente semelhante à deles.

O dinheiro tradicional nesse novo mundo foi substituído por alternativas digitais criptografadas. Um punhado de empresas controla, em benefício próprio, e não em benefício da humanidade, claro, a forma como o mundo funciona. (Parece familiar?) Há um colapso econômico global que deixa a vida da maioria das pessoas em frangalhos. Como fuga, Protagonista coloca um par de óculos de realidade virtual e entra num mundo digital chamado metaverso, onde sua representação digital consegue viver uma vida mais interessante.

Snow crash foi escrito em 1992, mas fez total sentido em outubro de 2021, quando Mark Zuckerberg rebatizou o Facebook como Meta. Aqueles que

Uma visão do metaverso.

ouviram o discurso dele se encontravam presos em casa graças ao coronavírus enquanto a pandemia causava estragos nas economias globais, e estavam conectados entre si por meio de plataformas de redes sociais sob o controle de um punhado de monopólios. Os paralelos certamente foram óbvios.

> ### Second Life
> Fãs radicais do Second Life, um jogo de computador online lançado pela desenvolvedora Linden Labs, estão vivendo em um metaverso protótipico há mais de 20 anos. O Second Life foi lançado em 2002 e ofereceu um mundo 3D imersivo no qual os usuários podiam viver, trabalhar e se divertir através de representações digitais de si mesmas, chamadas Avatares. (Curioso, isso.) E foi o que as pessoas fizeram. Em 2006, quando o interesse pelo jogo estava no auge, o Second Life tinha um produto interno bruto (PIB) de 64 milhões de dólares e uma população de mais de 1 milhão de avatares. Mas não vingou. No Reino Unido, em 2002, havia pouco mais de 1 milhão de conexões de banda larga para permitir o tipo de interações em tempo real que tornariam o Second Life uma segunda vida atraente. (Hoje, existem 27 milhões.) E os gráficos eram cartunescos, em parte porque os microchips mais poderosos disponíveis comercialmente na época tinham 220 milhões de transistores. Avançando no tempo até hoje, o número está próximo de 40 bilhões. Teoricamente, somos mais capazes de saltar para esse mundo do que nunca. Teoricamente.
>
>

Zuckerberg captou e catalisou uma conjuntura quando transformou o Facebook em Meta. Cerca de 160 empresas mencionaram o metaverso nas demonstrações de resultados financeiros em 2021 (de acordo com a plataforma de inteligência financeira Sentieo). Quase 100 delas fizeram isso depois que o Facebook mudou de nome. Por um bom motivo: Zuck prometeu gastar 10 bilhões de dólares por ano para atingir o objetivo de tornar o metaverso uma realidade. Ele quer 1 bilhão de nós dentro do metaverso até o final da década.

O metaverso é essencialmente o mundo imaginado na ambientação de ficção científica de *Snow crash* que ganhou vida. Zuckerberg esperava que o metaverso fosse um lugar onde gostaríamos de viver, trabalhar e nos divertir por meio de representações digitais de nós mesmos. O metaverso estava conectado ao mundo da Web3 por intermédio de suas tecnologias fundamentais, como o blockchain e a ideia de que poderíamos ter roupas compradas como NFTs para vestir nossos avatares digitais.

Era tudo muito futurista, e o que tornou o momento certo para o metaverso foram os enormes avanços na velocidade da internet e no poder de processamento de computadores e smartphones de que falamos nos últimos capítulos. Mas também não era novidade — pelo menos não em uma instância superior. Alguns dos maiores fãs da Web3 — assim como o próprio Zuckerberg — acreditam que o metaverso é o futuro. Eles consideram inevitável que acabemos colocando óculos de realidade virtual, que permitem que a pessoa seja transportada diretamente para o metaverso, em vez de *apenas* vê-lo numa tela, para fazer transações bancárias, trabalhar, sair para beber e se divertir dentro desse mundo digital/virtual. (Essas pessoas se empolgaram com o fato de que a Apple lançou o headset de realidade mista Vision Pro no início de 2023, embora o preço de 3.499 dólares possa desanimar muita gente.) Outros não têm tanta certeza assim: tivemos a oportunidade de mudar para uma vida totalmente online durante a pandemia, quando fomos forçados a ficar em casa. Mas, assim que tivemos a chance de socializar pessoalmente de novo, aceitamos imediatamente. Além disso, quem tem 3.499 dólares sobrando para gastar com um headset?

Este é um capítulo da história da internet que ainda não pode ser totalmente escrito — porque não sabemos se a realidade do metaverso corresponderá à onda de badalação. Mas existe uma área na história da internet que já está sendo rapidamente reescrita e da qual podemos ter certeza de que será mais impactante do que o metaverso.

IA Generativa

A inteligência artificial, ou IA, existe há décadas. Em 1950, o cientista da computação Alan Turing desenvolveu o Teste de Turing, que ele acreditava ser capaz de distinguir um computador de um ser humano. No início da década de 1950, acadêmicos britânicos programaram computadores para aprenderem as regras básicas de jogos de damas e xadrez, e o termo "inteligência artificial" foi cunhado em um workshop realizado na Universidade de Dartmouth, nos Estados Unidos, em 1956.

A IA continuou a se desenvolver nos anos seguintes e alcançou marcos importantes — incluindo a vitória do Deep Blue, uma IA de xadrez, contra o então campeão mundial Garry Kasparov. O Deep Blue era capaz de analisar 200 milhões de jogadas a cada segundo antes de decidir sobre a melhor. Mas seu conhecimento geral era comparativamente superficial. E demoraria um pouco mais para chegarmos à era da IA que vivemos atualmente.

Pessoas enriqueceram atendendo às necessidades de empresas e indivíduos que buscavam uma classificação mais elevada (de preferência o topo da primeira página) nos mecanismos de pesquisa. O Google finalmente notou o excesso de palavras-chave e mudou os sinais que ditavam essa classificação. Mas aqueles que quisessem estar bem-posicionados no site ainda precisavam pagar para produzir conteúdo.

A IA generativa, que estava se tornando popular em 2023, já não precisa disso. Ao contrário, ela é capaz de fazer tudo sozinha. Peça para uma IA generativa produzir um texto de 500 palavras que ensine a trocar o carburador de um carro e ela irá gerá-lo. Não sairá perfeito e pode até não fazer sentido se for lido com atenção ou por um especialista, mas o texto estará lá.

A ideia de ser capaz de produzir longos trechos de texto com pouco mais do que uma simples frase para estimular o modelo generativo de IA, que "aprende" a escrever consultando grandes volumes de texto da internet, entrou na consciência pública com o lançamento do ChatGPT da empresa

Garry Kasparov jogou contra o Deep Blue em 10 de maio de 1997.

> ### Excesso de Palavras-Chave
>
> Nos primórdios dos mecanismos de busca, os sites recebiam uma classificação mais elevada nos resultados se fossem considerados mais relevantes em relação a que os usuários procuravam. Eles funcionam com base em palavras-chave. Se a pessoa estiver procurando recomendações de um carro novo, poderá pesquisar usando a frase "melhor carro novo para comprar". Provavelmente também buscaria "top automóveis novos" e poderia muito bem pesquisar usando marcas populares como Ford, Chevrolet, Fiat e Volkswagen. Procuraria termos como "mais econômicos" ou "carro mais confiável". Portanto, se um site quisesse chegar ao topo dos resultados de pesquisa, ele carregaria as páginas cheias dessas frases.
>
> Assim nasceu o excesso de palavras-chave. O conteúdo nem sempre seria extremamente útil — na verdade, muitas vezes não era, pois o conteúdo do site era escrito (geralmente por mão de obra terceirizada e barata) incluindo o máximo de palavras-chave e frases possível, sem necessariamente levar em consideração que o texto fizesse sentido. E isso inundou a internet com páginas inúteis. Alguns até escondiam listas enormes de palavras-chave e frases na mesma cor de fundo do site, em pequenos textos nos rodapés, para tentar enganar o sistema.

OpenAI, de São Francisco, em novembro de 2022. A versão beta da ferramenta se tornou tão popular que chegava a travar. O banco de investimento UBS estimou que 13 milhões de pessoas utilizavam o ChatGPT diariamente, pedindo à IA para fazer o dever de casa, para produzir um episódio de *Friends* como se tivesse sido escrito por William Shakespeare ou para gerar textos para seus sites pessoais.

A propósito, aqui está o que acontece se a pessoa pedir ao ChatGPT para escrever um episódio de *Friends* no estilo de Shakespeare:

Título: "Aquele com o Sonho de uma Noite de Verão"
[Cena: Central Perk. **CHANDLER**, **MONICA**, **ROSS**, **RACHEL**, **JOEY** e **PHOEBE** estão sentados no sofá.]

CAPÍTULO SEIS: A WEB 3.0 E O FUTURO DA INTERNET

MONICA: Por obséquio, Chandler, que pensas dessas palavras cruzadas?

CHANDLER: Um desafio, doce consorte, um desafio. No entanto, contigo, sinto-me invencível.

[RACHEL entra, parecendo perturbada]

RAQUEL: Ah, ai de mim! Meu coração está apesarado.

ROSS: (levantando-se) O que se sucedeu contigo, doce Rachel?

RACHEL: Fui preterida para promoção na Ralph Lauren.

ROSS: Não temas, querida Rachel. Tua oportunidade não tardará.

PHOEBE: Ou talvez seja um sinal para seguires tua verdadeira vocação, assim como as Mães-dos-Fados escreveram.

RACHEL: E tal vocação qual seria, querida Pheebs?

PHOEBE: Hum, eu não sei. Algo envolvendo unicórnios, quiçá?

JOEY: [confuso] Unicórnios? Em Nova York?

[Entra GUNTHER, carregando uma bandeja.]

GUNTHER: Mais café, bons senhores e belas senhoritas?

TODOS: Sim, Gunther!

[Todos riem.]

ROSS: (para Chandler) Dize, Chandler, algum progresso fizeste com aquela anedota que estavas inventando?

CHANDLER: Ora, pois, sim. Por obséquio, como chamas o parente que te trata mal?

ROSS: Ideia não faço; diga-me tu?

CHANDLER: Tio Milho. Captaste? Pois é um tio que te humilha…

[Todos gemem.]

MONICA: Acho que precisas de mais prática, meu amor.

RACHEL: (levanta-se) Vou ao reservado.

[Entra JANICE, ex-namorada de Chandler.]

JANICE: Ah, meu bom Deus!

[Todos soltam um suspiro de susto.]

JANICE: (para Chandler) Sentiste minha falta, meu amor?

CHANDLER: Com a breca!

[Fim da Cena 1]

194   A HISTÓRIA DA INTERNET PARA QUEM TEM PRESSA

Seja qual for a opinião a respeito da piada que o ChatGPT escreveu no Central Perk, ele era diferente de tudo que os usuários já tinham visto. Era um grande modelo de linguagem (LLM, em inglês), treinado à base de um volume absurdo de texto reunido na internet. O ChatGPT tinha consumido o conhecimento do mundo — e parecia possuir a perturbadora capacidade de conversar com as pessoas a respeito de qualquer assunto, de se dedicar a qualquer tarefa que lhe fosse solicitada e de responder a qualquer pergunta que lhe fosse feita. IA e *chatbots** são tecnologias gêmeas que há anos são vendidas como o futuro — mas no caso do ChatGPT, finalmente parecia que o futuro havia chegado.

É possível ver aonde isso tudo vai dar. Enquanto o conteúdo de baixa qualidade que caracterizava os piores e mais imprecisos cantos da web costumava consumir tempo, dinheiro e trabalho humano para ser produzido, agora isso pode ser feito em um clique pela IA. Ainda estamos no início, mas isso pode ser fatal para a web, à medida que conteúdo de alta qualidade gerado por humanos se afoga num mar de texto gerado por IA.

IMAGENS *DEEPFAKE*

Não é apenas texto que a IA generativa — que funciona detectando padrões em obras usadas para treiná-la, e depois faz ligações e correlações entre conceitos que vê para tentar "compreender" o mundo — pode ser implementada para criar. Imagens, áudio e vídeo também podem ser produzidos por IA.

E isso traz complicações. Significa que cada vez mais pessoas online encontrarão conteúdos gerados por IA — que mentes mais cínicas poderiam chamar de inautênticos. Parte desse conteúdo será inofensivo. Parte será perigoso. Tudo isso deve ser verificado cuidadosamente em relação à presença de áreas borradas, orelhas estranhas ou dedos extras, caso o conteúdo faça a pessoa mudar de ideia.

O início da década de 2020 viu uma onda do chamado conteúdo *deepfake* (onde IA e outras ferramentas são usadas para gerar imagens que não representam a realidade e/ou chegam a distorcê-la de tal forma a ponto de alterar

---

* "Robô de bate-papo", um software baseado em uma IA capaz de manter uma conversa em tempo real por texto ou por voz, usando uma linguagem natural graças a aplicativos de mensagens e sites, geralmente empregado para comunicação com clientes/consumidores. (N. T.)

o que alguém realmente disse ou fez), mas o conceito remonta há muito mais tempo.

A primeira inovação na tecnologia *deepfake* ocorreu em 1997, quando Christoph Bregler, Michele Covell e Malcolm Slaney, três engenheiros da Interval Research Corporation, lançaram um artigo acadêmico e um programa de computador que chamaram de Video Rewrite.

O Video Rewrite usava material filmado preexistente de uma pessoa para criar automaticamente um novo vídeo dela dizendo palavras que não falou. Ele analisava como a boca se mexia no vídeo original e equiparava com o que ela dizia: um som de "o" faria a boca formar um círculo perfeito, ou um "i" mostraria os lábios se abrindo sobre os dentes. As imagens da boca seriam então reordenadas para imitar o movimento dos lábios de alguém dizendo alguma coisa nova. Os pesquisadores acharam que seria ideal para redublagem de filmes.

O conceito foi refinado e aprimorado por outros acadêmicos, que desenvolveram, em 2001, uma tecnologia chamada por eles de Active Appearance Model, ou AAM. Ela usava visão computacional e algoritmos para combinar sons e expressões faciais de maneira mais natural. Mas foi necessário o desenvolvimento de inteligência artificial de aprendizagem profunda para realmente criar as imagens convincentes que agora nós descreveríamos como *deepfakes*.

Como a IA Altera a Busca

O mundo das buscas permaneceu praticamente o mesmo desde que o Google se tornou o gigante do mercado na década de 1990. O Google se manteve dominante, apesar de outros tentarem se intrometer à força, atualizando constantemente a tecnologia do mecanismo de pesquisa a fim de manter a supremacia. Em fevereiro de 2011, a empresa lançou o Google Panda, que reformulou o modo como o Google classificava os resultados a serem exibidos, a fim de tentar afastar quem tentasse manipular o sistema com resultados de pesquisa de baixa qualidade.

No ano seguinte, o Google apresentou o Knowledge Graph, informações contextuais com relação a tudo que um usuário está pesquisando, o que significa que ele não precisa clicar para sair de uma página. Depois disso,

Aprendizado Profundo

A inteligência artificial foi treinada há muito tempo para lidar com tarefas específicas, mas não era capaz de testar conhecimentos mais generalizados quando confrontada com algo que estivesse fora da sua área direta de especialização. Coloque o Deep Blue, que derrotou um grande mestre do xadrez, para tentar escrever um roteiro para um novo reality show de TV e ele não saberia por onde começar. Os humanos definiram as tarefas, e o computador obedeceu. Na verdade, ele nunca tentou aprender. O computador simplesmente replicava.

A IA precisava ser mais conivente. E em 2014, um grupo de acadêmicos descobriu uma forma de fazer isso acontecer. Em junho daquele ano, pesquisadores da Universidade de Montreal publicaram um artigo intitulado "Generative Adversarial Networks"* no arXiv, um servidor online que hospeda pesquisas acadêmicas. Ian Goodfellow cunhou uma frase — e desenvolveu um conceito — que viria revolucionar a era da IA e deixaria

o buscador ganhou atualizações regularmente, mas foram pequenos passos, e não saltos gigantescos.

Em comparação, a Microsoft ficou para trás na guerra dos mecanismos de pesquisa durante anos. Logo após o lançamento do ChatGPT, porém, a empresa enxergou uma oportunidade. Ela adquiriu uma participação de 10 bilhões de dólares na OpenAI no final de janeiro de 2023 e revelou uma nova versão do Bing, alimentada por uma versão anabolizada do ChatGPT, em 7 de fevereiro de 2023.

O Google, assustado com isso, reagiu. Percebendo o que estava acontecendo, a empresa tentou estragar a festa da Microsoft e revelou a própria ferramenta de pesquisas baseada em LLM, o Bard, um dia antes. Depois de anos de estagnação, a guerra de buscas estava de volta.

A pesquisa por bate-papo alimentada por IA é uma revelação e uma mudança radical na forma como entendemos e navegamos na quantidade enorme de informações online. (Tem paralelos com o Ask Jeeves, o antigo buscador na web, porém, dessa vez, a pesquisa é realmente interativa.) Em vez de

> as imagens geradas por programas e algoritmos como Video Rewrite ou Active Appearance Model parecendo desenhos de uma criança se comparadas a um Picasso. Generative Adversarial Networks, ou GANs, colocam duas "redes neurais" uma contra a outra. Extremamente simplificadas, essas redes pensam um pouco como o nosso cérebro. Elas são treinadas com grandes volumes de dados; portanto, é possível treinar uma rede neural com imagens de políticos, por exemplo, até que ela se torne especialista em representá-los. Uma rede no GAN é chamada de gerador e sua função é criar conteúdo falso com base naquilo em que foi treinada. A outra rede é o discriminador. Ela tenta pegar o gerador mentindo, distinguir as criações reais das criações falsas. As duas redes participam de um jogo onde cada uma tenta vencer a outra, melhorando simultaneamente o que cada uma faz. Com o tempo, elas se tornam boas o suficiente em suas tarefas a ponto de desenvolver uma obra que é praticamente indistinguível da verdadeira.

apresentar uma lista de links para a pessoa ir clicando e encontrando informações, elas são vasculhadas e apresentadas à pessoa, que tem a oportunidade para interrogar o "cérebro" da IA a respeito de tudo o que aprendeu. Mas há apenas um problema: a IA muitas vezes inventa coisas — um pouco problemático quando se fala em pesquisa de fatos.

Um pesquisador de IA chamado Julian Togelius, da Universidade de Nova York, comparou a tecnologia ao trabalho inicial de Sigmund Freud, que dissecou enguias elétricas para tentar encontrar a essência vital delas — sem sucesso. Freud foi um pensador magnífico e destinado à grandeza. Mas no início ele estava procurando uma forma de dar vazão ao seu talento. Adicionar IA a pesquisas na internet é semelhante a isso, disse Togelius: "Se a pessoa tentar usá-la para dissecar enguias elétricas — para produzir respostas factuais —, ela está desperdiçando esforços."

Ainda assim, as Big Techs estão tentando. No ano em que este livro foi escrito (2023), a Microsoft e o Google estavam tentando convencer mais usuários a migrar para mecanismos de pesquisa por bate-papo. Se isso vai colar, teremos que esperar pela nova versão da história.

O Futuro?

AI, GANs e Web3 prometem reformular a forma como a web funciona — e com isso, reescrever as regras da internet. São ferramentas gigantescas e poderosas nas mãos de pessoas que nunca tiveram tais recursos. O bate-papo via IA generativa nos permite terceirizar grande parte do nosso pensamento para ser realizado por computadores — um benefício em potencial para a nossa criatividade e para a economia em geral.

As ferramentas de IA generativas de imagem, áudio e vídeo ao nosso alcance têm o potencial de encurtar drasticamente o processo criativo e melhorar imensamente a nossa produtividade. Alguns acreditam que a IA generativa será uma bola de demolição contra a criatividade, enquanto outros encaram a tecnologia como um motivado assistente que permite instigar mais inspiração. Ela é capaz de permitir que novas obras de arte apareçam do nada em um instante e que as pessoas produzam trabalhos de padrão profissional sem grandes esforços.

Aqueles que enxergaram a história da internet e da tecnologia a longo prazo dizem que este momento que vivemos será uma época decisiva da era da internet.

Mas todo lado positivo tem um negativo por trás.

Assim como a web em seus primeiros dias estava cheia de caça-cliques e palavras-chave sem sentido inseridas para enganar mecanismos de pesquisa famintos, em vez de produzir informações valiosas que pudessem auxiliar os navegadores, também há a preocupação de que o surgimento de ferramentas que facilitam a criação de conteúdo possa acabar enchendo a internet de detritos.

No enorme aterro sanitário de informações que já formamos nos 30 e poucos anos da web, existe a preocupação de que estejamos chegando com caminhões cheios de trabalho generativo de IA para aumentar a pilha de lixo. Não se sabe o que vai acontecer a seguir. Jamais estivemos nessa situação. As ferramentas generativas de IA que estamos usando agora para criar novos conteúdos são elas próprias treinadas com base no enorme volume de informações da internet. Há uma preocupação de que estejamos entrando como sonâmbulos em um mundo onde criamos um ouroboros do século 21, a antiga serpente que devora a própria cauda.

Há um ditado na IA: entra lixo, sai lixo. O receio é que, se inundarmos a web com conteúdos criados por IA generativa, que por sua vez são utilizados para

CAPÍTULO SEIS: A WEB 3.0 E O FUTURO DA INTERNET

treinar a próxima geração de ferramentas, acabemos por perder a objetividade e, por fim, perdendo a essência humana da criatividade. Soterramos a rica arqueologia da internet com lixo gerado artificialmente e enterramos o conteúdo bom tão no fundo que nunca mais poderá ser trazido à superfície.

Será que a inteligência artificial é o futuro brilhante da nossa vida na próxima esquina, ou um espelho de casa maluca que reflete os piores elementos da nossa sociedade como uma caricatura grotesca? Certamente ela poderia ter ajudado a fazer uma boa parte da análise inicial da linha do tempo da internet para este livro, por um lado. Mas também exigiria muita supervisão para garantir que não cometeria erros catastróficos. Nem, pelo menos é o que espero, ter escrito *A história da internet para quem tem pressa* de forma tão envolvente quanto eu.

AGRADECIMENTOS

Tentar resumir décadas de história da internet em blocos compreensíveis e de agradável leitura é complicado. Meus agradecimentos a Angelika Strohmayer por ter atuado como leitora leiga, que apontou onde o original ficou extremamente técnico, e deixou o texto mais simples. Agradeço também a Vint Cerf, um dos pais da internet, por nos conceder a possibilidade de imprimir um trecho de seu poema, que assim foi homenageado e preservado, e a Mark Graham e Leonard Kleinrock, por falarem comigo a respeito de suas recordações.

E obrigado também a Glenn Fleishman, que gentilmente se ofereceu para examinar o original e fornecer uma revisão técnica para garantir que eu não cometesse nenhum erro crasso — embora eu torça para que os leitores perdoem qualquer um que tenha escapado da peneira.

Os fatos contidos neste livro provêm de uma colagem de fontes, incluindo muitos livros publicados a respeito de várias partes da história da internet e da World Wide Web, juntamente com documentários, recortes de jornais e imagens de arquivo da época em que os acontecimentos ocorreram.